André Kudernatsch

Ich hab‘s im Hermsdorfer Kreuz

Thüringer Kolumnen

SALIER
VERLAG

Danke an Brenda und Petra »Wikipetra«,
Joachim Kurt Viktor (das ist eine Person!),
Bastian & Bört,
die beiden musikalischen Andreasse,
den Sport und den Stotternheimer See.

Lang lebe die Taschengasse!

André Kudernatsch

Ich hab‘s im Hermsdorfer Kreuz

Thüringer Kolumnen

Salier Verlag
Leipzig und Hildburghausen

Alle Kolumnen entstanden zwischen 2013 und 2016. Einige wurden zuerst im »Blitz! Thüringen« veröffentlicht. Sie sind mit einem »Geblitzt«-Hinweis gekennzeichnet. Vielen Dank für die freundliche Genehmigung an die CITY Werbeverlags GmbH.
Die Fotos stammen von Bert Hähne, die auf den Seiten 28 und 79 hat Ricky Fox beigesteuert, die auf den Seiten 31, 51 und 99 André Kudernatsch.

ISBN 978-3-939611-71-4

Originalausgabe
1. Auflage 2016

Umschlaggestaltung: Christine Friedrich-Leye, Leipzig
Herstellung: Salier Verlag
Printed in Germany

www.salierverlag.de
www.kudi.de

Inhalt

Vorwort

Pressen, schütteln und ordentlich aufschäumen

Ich soll ein Vorwort für das neueste Buch meines Mannes schreiben. Nur, weil ich in einem Anfall von Großkotzigkeit herausposaunt habe: »Echt jetzt, den willst du fragen? Das kann sogar ich besser!« Seitdem habe ich den Job an der Hacke.

Worüber also schreiben? Was erwartet ihr von mir und meinem Vorwort? Kurz soll es sein, lese ich als erstes bei Experten im Internet. Es soll euch einstimmen auf das, was kommt, eure Neugier wecken, euch Hintergründe berichten. Ihr seid also scharf auf schockierende Wahrheiten über Kudernatsch? Wie diese, dass er morgens seinen lauwarmen Kaffee schlürft, ohne Brille blind wie ein Maulwurf ist und zur Entspannung den Rasen mäht? – Ich weiß nicht ...

Einordnung und Kritik des Werkes fordern Fachleute. Oh je – das ist ganz dünnes Eis, auf dem ihr und ich, wir also, gemeinsam hin und her schlittern. Die Inspiration meines Mannes ist wie ein scheues Reh oder eine zarte Mimose. Auf vorsichtige Nachfragen blafft er vorwurfsvoll zurück: »Das ist aber anstrengend und macht viel Arbeit!«

Daher, liebe Leser und Leserinnen: Bildet euch selbst eine Meinung. Nur zu! Nein, schielt nicht hektisch im Internet, was andere über das Büchlein geschrieben haben! Fangt an selbst nachzudenken. »Das ist aber anstrengend und macht viel Arbeit!«, schleudert ihr mir nun entgegen? »Ich weiß«, seufze ich. »Ich weiß.«

Eines kann ich euch mit bestem Wissen und Gewissen versichern: Alle Kolumnen beruhen auf wahren Begebenheiten, mit echten Menschen und originalen Sprüchen. Das macht sie bodenständig, liebenswert und lebenslustig.

Der flinke Vorwurf, das meiste sei »erstunken und erlogen«, er zieht hier nicht. Sicher, manches übertreibt Kudernatsch schamlos, flugs mischt er die Begebenheiten, legt anderen Leuten die richtigen Worte in den Mund, vertauscht Orte und Zeiten.

Außerdem walkt er die Substantive, schärft mit spitzer Klinge seine Verben, zuckert hier und da mit Adjektiven und wuchtet manchen schweren Kalauer in den Ring. Das ist erlaubt, das nennt sich altmodisch: HANDWERK. Er presst, er schüttelt und wirbelt mit seinen Zutaten so lange herum, bis ein geschmacklich ausgewogener und farbenfroher Cocktail ins Glas schäumt. Und krönt das Ganze mit einer saftigen roten Kirsche. Das kann er wie kein zweiter. In diesem Sinne: Wohlsein!

Eure Brenda, im September 2016

PS: Einen mega-minzigen Mojito mixt Kudernatsch übrigens auch.

Für dieses Buch wurden nur die besten Zutaten verwendet.

In der Heimat

Danke, Thüringen!

Geblitzt im April 2014

Zunächst möchte ich mich bei den Thüringer Veranstaltern bedanken, bei denen ich meine Thüringer Kolumnen, begleitet von meinem Thüringer Pianisten, vorlesen durfte. Sie bewirteten uns mit Sauerkraut, das für Blasmusik bei meinem Musiker sorgte, obwohl er Klavier spielt (Kölleda). Sie dachten Tage vor unserem Auftritt an uns. Jedenfalls schmeckten die Käsebrötchen, die sie besorgt hatten, so (Jena). Sie berichteten stolz von ihrer Fußbodenheizung und drehten sie nicht auf (Apolda). Sie wussten zwar, was ein Kaltgerätestecker ist – aber nicht, dass ein vegetarisches Essen aus mehr als sechs hartgekochten Eiern bestehen kann (Zella-Mehlis). Mein Musiker aß sie trotzdem tapfer auf und schlich danach über die Tasten. Noch heute eiert er herum.

Wir treten gern auf. Ich nehme dafür sämtliche Entbehrungen auf mich. Und sei es wie in Suhl, wo ich im »Freien Wort« als »Herr Kaudernatsch« benannt wurde, obwohl ich »Kudernatsch« heiße. Da darf man nicht kleinlich sein, es ist das »Freie Wort« und nicht das »Korrekte Wort«.

Ich lerne stets dazu. Ins Erfurter »Café Duckdich«, das so genannt wird, weil man sich unter den niedrigen Deckenbalken besser duckt, wollte ich Freunde einladen. Über WhatsApp versuchte ich es – doch durch die automatische Textkorrektur wurde aus dem netten »Café Duckdich« das widerliche »Café Dickdarm«. Möchte man da wirklich zu Gast sein?

In Hermsdorf schwärmten uns die Veranstalter von ihrem lustigen Bürgermeister vor, der solche Sätze raushaut wie »Ich hab's im Hermsdorfer Kreuz«. Leider lernten wir ihn nicht persönlich kennen – er saß wohl daheim, um an seinen Sprüchen zu tüfteln.

Mit Grausen erinnere ich mich an Gotha, wo bloß vier Leute kamen, von denen die Hälfte anwesend war, weil sie mich mit einem bekannten Radio-Satiriker verwechselt hatte. Um dieses ältere Ehepaar nicht zu verlieren, klärte ich die Verwechslung nicht auf. Heute schäme ich mich dafür. Immerhin kauften die vier Leute vier meiner Bücher. Das ist eine Quote von 100 Prozent! Das schafft mancher Bestseller-Autor nicht. Nicht mal in Gotha.

Ich danke diesem großartigen Publikum. Das hat es manchmal in sich! Ebenfalls in Gotha forderte ein Mann gleich nach der Begrüßung eine Zugabe. In Weimar wünschte sich ein Zausel mit Bart dunklere Farben für die Buchumschläge. In Altenburg fragte eine Frau: »Wie lange machst du das schon?« Mein Pianist antwortete für mich: »Die Frage muss lauten: Wie lange noch?« Diese Frage gebe ich direkt an ihn zurück. Seine Klavierschüler beherrschen nach anderthalb Jahren Unterricht höchstens »Häschen in der Grube« und bringen damit ihre Eltern in die selbige.

So weit geht es bei uns nicht! Wir hören vor der Grube auf! Nur bitte, liebe Veranstalter, sagt nach einer Lesung nie mehr die folgenden Worte: »Wir hatten einen vergnüglichen Abend. Es war für jeden etwas dabei, und es regte zum Schmunzeln und Nachdenken an.« Wenn wir diese Sätze aus der Stadtbibliothek der Landeshauptstadt irgendwo noch einmal hören müssen, werden wir uns mit Sicherheit übergeben. Und dann würgen wir die Eier von Zella-Mehlis einzeln wieder raus!

Erfurt ist das neue Leipzig

Geblitzt im April 2016

Große Zeitungen lieben große Themen. Diese blasen sie groß auf – und darum hat so eine große Zeitung geschrieben: Erfurt ist das neue Berlin. Das ist völliger Quatsch! Erfurt verfügt über einen funktionierenden Flughafen!

Kleinere Zeitungen mögen kleinere Themen, ohne kleinlich zu sein. Sie haben froh verkündet: Erfurt ist das neue Leipzig.

Damit kann ich etwas anfangen. Denn was Leipzig hat, haben wir erst recht: einen Ring, ein Stadion (sogar ganz ohne erfolgreiche Fußballmannschaft), schöne Straßenbahnen, etwas Gewässer in der Stadt und viele Glitzerglatzer-Fassaden, hinter denen genau die Geschäfte liegen, die überall ihren Plunder anbieten, damit man sich nirgends mehr fremd fühlt.

Leipzig bietet wirklich nichts, was wir nicht auch bieten. Nehmen wir den Zoo, auf den Leipzig so viel hält. Da hauen die Sachsen auf den Putz, mit dem Gondwana-Land ein Areal zu besitzen, in dem es wie früher aussieht. Das ist bei uns in den Plattenbauten vom Roten Berg nicht anders.

In Leipzig ist man kein bisschen klüger! Natürlich steht auch in Erfurt eine Uni. Ich habe dort extra nachgefragt, warum sie so attraktiv ist und junge Menschen unbedingt in Erfurt studieren wollen. In der Pressestelle wusste man nichts davon und scheuchte mich weg. Also bleibt es an mir zu vermuten, dass besonders Mädchen aus dem Umland in Erfurt studieren – und zwar Grundschul-Lehramt. Weil man in den Vorlesungen stricken darf – und wer aus Kölleda, Sömmerda oder Witterda kommt, darf das Selbstgestrickte anschließend auf dem Nachhauseweg gleich anziehen!

Mit Leipzig geht es steil bergab. Von wegen Hypezig! Die Wirtschaft zieht nicht mehr mit. Die Automobilmesse musste abgesagt werden, während die Messe in Erfurt brummt.

Oft galoppieren Pferde darin herum wie bei »Apassionata«

oder »Reiten-Jagen-Fischen«. Wenn diese Pferde die Dielung volläpfeln, wird umgehend die Messe »Kinderkult« angehängt. Da firmieren die Pferdeäpfel als Bio-Bälle, in denen sich die Kinder – wie in schwedischen Möbelhäusern – jauchzend wälzen.

Wir feiern die Thüringen-Ausstellung mit Besucherrekorden. Es spricht sich eben herum: An den Messeständen kann man Bier schlucken, Senf schlecken und mit den Ohren schlackern. So rege ist der Mittelstand.

Da guckt Leipzig dumm aus der Wäsche. Erfurt ist das neue Leipzig! Leipzigs ehemaliger Oberbürgermeister Wolfgang Tiefensee hat das begriffen. Er ist jetzt einer von uns – und braucht als Thüringer Minister nie wieder Cello zu spielen. Wie damals in Leipzig zur Olympia-Bewerbung, die er mit seinem Cello-Solo ziemlich vergeigte. Darauf reiten wir nicht herum. Das haben wir gar nicht nötig. Erfurt boomt!

Endlich träumt auch Erfurt den Traum von der Großstadt.

So hat man sich im Stadtarchiv gerade daran erinnert, dass Erfurt eigentlich mit einem Hafen an den Mittelland-Kanal angeschlossen werden sollte. Mitten im Erfurter Zentrum ist eine Seilbahn zum Petersberg angedacht, und vielleicht folgt darauf – wie in Leipzig – eine U-Bahn mit zwei Stationen: Fischmarkt und Domplatz.

Erfurt wächst und wächst und wächst. Man sieht das nicht direkt, es ist eher ein Gefühl. Ich habe es an der Krämerbrücke gespürt, als ich sie intensiv angestarrt habe. Über eine Stunde – und sie ist weder auseinander- noch aufgegangen. Eine Stadt ist kein Hefeteig! Man muss sie allerdings genauso liebevoll zubereiten.

Ich glaube, dass das ohne Berlin und Leipzig besser funktioniert. Sagen wir, wie es wirklich in Thüringen ist! Verkünden wir zusammen die Wahrheit, was die Mietpreise und den Coolness-Faktor betrifft. Stellen wir mutig gemeinsam fest: Erfurt ist das neue Jena!

»Und Weimar?«, mag die geneigte Leserschaft zaghaft fragen. »Was ist mit Weimar?«

Weimar wird eingemeindet. Und wenn es nicht will, wird Weimar eben das neue Bitterfeld! Keiner möchte hin – und es riecht komisch. Modrig und ein bisschen piefig.

Popel-Tamino und Plaketten-Phöbe

Nette und adrette Kinder fuhren in Weimar im Bus zum Belvedere. Sie waren wie Erwachsene angezogen und benahmen sich so. Nur ein Mädchen zickte herum: »Ich will nicht neben Tamino sitzen. Der ist doof!« Worauf die Lehrerin erwiderte: »Hab' dich nicht so, Freia! Setz dich rüber zu Phöbe!« Tamino war es egal, er schaute aus dem Fenster. Obwohl bloß Weimar zu sehen war.

Kinder dieser Stadt heißen wirklich so: Tamino, Freia, Phöbe. Damit entsteht in einem harmlosen Stadtlinienbus eine Gemengelage aus Mozart, Germanen und griechischer Mythologie. Das ist ein kruder Mix, den man höchstens aus Marvel-Comic-Verfilmungen kennt mit Thor, Captain America und Wonder Woman. Weimar macht's möglich. Wehe, das Kind heißt Andreas oder Laura! Da kann die Familie gleich wegziehen. Bloß nicht nach Jena-Lobeda – dort wohnen die Problemkinder, die den Taminos und Phöbes und eigentlich allen auf die Fresse hauen.

Da bringe ich fast Verständnis für einen Autofahrer in Erfurt auf, der einen riesigen Aufkleber auf seiner Heckscheibe spazieren fuhr: »Keine doofen Bälger mit bescheuerten Namen an Bord.« Dazu guckte der Mann fies, als ich ihn überholte. Was daran liegen könnte, dass er in der Nase bohrte und dabei irgendwie nicht glücklich wurde. Möglicherweise steckte sein Finger fest und wartete darauf, befreit zu werden. Ich nahm Abstand davon, den ADAC zu rufen.

Viele Autofahrer begeben sich derart auf Erkundung. Das Auto scheint regelrecht zum Popeln einzuladen. Selbst wenn es keine getönten Scheiben hat und sämtliche Verkehrsteilnehmer rundherum deutlich sehen, was da geschieht und wie der Verbleib der Probebohrung geregelt wird.

Viele kennen die Unterscheidung zwischen Schmierpopel und Schnipspopel. Für die Ahnungslosen sei hier kurz erwähnt: Ein Schmierpopel im Auto wird entweder unter das Handschuhfach oder den Beifahrersitz geschmiert. Ein Schnipspopel wiederum wird in den Fahrgastraum geschnipst.

Selbstverständlich funktioniert Schnipsen gut ohne Popel und wird beim Melden in der Schule benutzt, wenn ein Schüler dringend die korrekte Antwort loswerden möchte. Mit Popel am Finger wird er nie drangenommen.

Bleiben wir beim Verkehr. Da droht eine strenge Umwelt-Plakette. Nach der grünen ist es die blaue. Nur hochsauber darf man in die Innenstädte vordringen. Nichts darf mehr verschmutzt werden. Die City ist fortan besenrein und fein.

Darum ist unbedingt darauf zu achten, dass die Autos mit geschlossenen Scheiben in die blauen Zonen einfahren, damit keine Schmier- und Schnipspopel in die sauberen Oasen der Zukunft geraten.

Wer es schafft, sechs Monate lang im Auto nicht in der Nase zu bohren, erhält die goldene Plakette und überall freie Fahrt. Es sei denn, er hat abstoßende Aufkleber am Heck. Das ist optische Verschmutzung und gehört verboten. Und wer einen bescheuerten Namen trägt, wird ebenfalls nicht in die blauen Zonen eingelassen.

Ich stehe als Kudernatsch am Schlagbaum und kontrolliere, ob Freia, Tamino und Phöbe es versuchen und Einlass begehren. Nicht bei mir! Ob sie popeln oder nicht – mit so einem Vornamen mag man sich in Weimar im Kreis drehen.

Doch fährst du, liebe Leserin, lieber Leser, mit deiner goldenen Plakette vor, lächle ich, poliere dir die ohnehin glänzenden Stoßstangen und lasse dich voller Freude ein.

Poller-Alarm!

Geblitzt im Oktober 2014

Erfurt ist schöner geworden. Die Landeshauptstadt schmückt fortan eine »Begegnungszone«. Darauf wurde die jüngste Kreation offiziell getauft. Den stadtplanerischen Genies sei Dank!

Mit einem Poller haben sie gleich zwei Sackgassen aus einer der wichtigsten Straßen vom Domplatz in die Altstadt geschaffen. Die Meister-Eckehart-Straße ist mittendrin in zwei Teile geteilt, die sich für Autofahrer nicht mehr verbinden lassen. Quads, Motorräder und Radfahrer sausen am Poller vorbei.

Das ist die raffinierte Zone, die sich die Stadt ausgedacht hat. Für Autos von Touristen, deren Navigationssysteme leider nicht auf Poller geeicht sind und die trotzdem in ihre Hotels möchten. Für Autos von Eltern, die ihre Kinder ins Ratsgymna-

Ab sofort kümmert sich eine Sondereinheit um Poller Paul.

sium direkt am Poller ausliefern. Für Autos von Samstagsshoppern aus Arnstadt und Nordhausen, die nach all den Landeiern einen Hunger auf Großstadt verspüren. Die einen wollen rein, die anderen raus – und so rollt die Blechlawine oder rollt sie nicht von der Paulstraße in die Meister-Eckehart-Straße und retour.

Die Anwohner lüften bei dem entstehenden Smog eher nicht. Dafür erleben sie mehr Wendemanöver vor ihren Fenstern und Verkehrsberuhigung im Vorwärts-, Rückwärts- und Kriechgang. Mit ordentlichem Potenzial: Falls die Altstadt mal brennt, begegnen sich am Poller all die Anwohner, die in ihren Fahrzeugen schnell weg möchten, mit der Feuerwehr, die löschen will. Dank der »Begegnungszone«.

Das hat einer auszubaden, der gar nichts dafür kann: der Poller in der Meister-Eckehart-Straße. Die Polizei hat ihn liebevoll »Paul« getauft, weil die Beamten »Eckehart« vermutlich nicht schreiben können. »Paul« wurde mehrfach umgetreten, umgefahren, weggeworfen und gedemütigt. Er ist unschuldig und eine Eisenhülse, die viel lieber ein sinnvolles Geländer oder Teil eines Zooparkgeheges geworden wäre!

Die Geschichte des Pollers ist eine Geschichte der Missverständnisse: Er soll beruhigen, doch er regt auf. Er soll Probleme lösen, doch er schafft welche. Er soll Menschen glücklich machen, doch das gilt allein für Radfahrer und Fußgänger.

Besonders Autofahrerinnen fühlen sich von ihm belästigt. Die Frauen interpretieren ihn als Phallus, der plötzlich aufragt und ihnen die Freiheit der Weiterfahrt nimmt. Ich finde nicht, dass diese männliche Deutung des Pollers zu weit geht. Denn was führt zu ihm hin? Die Sack-Gasse!

In der stecken die Erfurter Verkehrsplaner. Sollen sie ihren Masterplan vollenden und munter weiter pollern? Oder sollen sie zugeben, dass »Paul« ein Fehler war? »Paul der Poller« wurde nicht gefragt – wie einst »Karl der Käfer«.

Hilfreich möchte ich vorschlagen, das arme Eisen zu entfernen – und stattdessen Ein-Euro-Jobber in weiß-roten Overalls als »Human Poller« in der Meister-Eckehart-Straße einzuteilen.

Oder Lokalpolitiker, die für einige Leute ohnehin Vollpfosten sind.

Die »Human Poller« könnten mit den Autofahrern reden, ihnen die Lage erklären und den Einsichtigen die verstopfte Umfahrung beschreiben. In Ausnahmefällen legen sie sich flach auf die Straße – und lassen die Fahrzeuge über sich rollen. Das wäre so entspannend und wie früher, als »Paul« noch ein »Paulchen« war und kein Poller, sondern ein kleines, dünnes Metallstäbchen. Das ist der Weg: Schwerter zu Pflugscharen – Poller zu Stricknadeln!

Salve Bodo

Geblitzt im Februar 2015

Wacker wanderte ich ohne Grund zur Grundmühle. Es war matschig, es war rutschig, es war frostig in dieser Tatra-Tundra von Erfurt-Tiefthal. Der perfekte Ort für die Herausforderungen des Lebens, fand ich. Wie zum Beispiel für das ach so schön warme Dschungelcamp mit seiner Königin Maren Gilzer, der ehemaligen Buchstabenverdreherin von Sat.1, die vom »Glücksrad« her Glück hat.

Hierher damit, dachte ich mir, stellt sie eiskalt in die Kälte. Die Dschungelstars hätten die heftigsten Prüfungen mitten im Februar im Weißbachtal zu bestehen! Die Küche in der Grundmühle wäre dauernd geschlossen. Ihr Essen dürften die Kandidaten nicht im nahen Thüringen-Park kaufen, sie müssten nach Sömmerda fahren!

Wobei wir die Niederungen des Fernsehens noch nicht erreicht haben! So resümierte ich auf halbem Weg mitten im Funkloch und ohne Empfang. Längst ist in Amerika eine Show auf Sendung, die Live-Geburten zeigt. Da fragt man sich, was als nächstes blüht. Wie wäre es mit Brech-Durchfall?

Ähnliches hat SALVE TV bereits gesendet: die Show »Ramelow und Co«. Der Ministerpräsident darf im Lokalfernsehen seine Sicht auf die Dinge verbreiten und alles behaupten, was ihm in den Sinn kommt. Deutschlandweit wurde das bemerkt und von wichtigen Medienwächtern als Staatsfernsehen gescholten. Ich verstehe diese Aufregung nicht. Bodo Ramelow muss viel mehr senden! SALVE TV kann's gebrauchen.

Wie wäre es mit BSDS – »Bodo sucht den Superstar«? Bodo Ramelow lässt Thüringer Künstler gegeneinander ansingen – von Clueso bis Christina Rommel. Ute Freudenberg und Jürgen Kerth sitzen mit »Bodo Bohlen« in der Jury. Ein Hammer-Format! Blockflöten werden sofort aussortiert.

Oder »Bodo Jauch« mit der Show »Wer wird Pensionär?«.

Hier knacken Arbeitslose Rätselfragen – und wer gewinnt, kassiert eine lebenslange Rente und kann feiern: »Jobcenter adé!«

Spannend fände ich »CSI Staatskanzlei« mit Hilfe aus Sachsen. Dort will man klären, ob Ramelow einst friedlich oder aufwieglerisch auf der Straße gesessen hat, als Neonazis auf ihr marschieren wollten. Grissom aus der Ur-Ur-Urstaffel von CSI könnte ihn anhand von Spucke und einem Haar locker überführen.

Das sind drei tolle Vorschläge für SALVE TV, freute ich mich – und war auf meiner Wanderung voller Gedanken an der Grundmühle vorbeigelaufen.

Drei Rindviecher standen auf der Wiese und muhten mir zu. Ich grüßte freundlich zurück. Wir mochten uns auf Anhieb – und gaben Ruhe. Solche Ruhe wünschte ich mir daheim im Fernsehen.

Auch bei SALVE TV. Das sollte einem Trend aus Norwegen folgen: dem Slow TV. Im Slow TV präsentieren die Norweger stundenlange Zugfahrten oder das tuckernde Postschiff in den Hurtigruten. Mehr geschieht nicht, und niemand regt sich auf. So sorgt Fernsehen für Tiefenentspannung.

Das wollen wir auch! Thüringer Fernsehfritzen filmen siedende Klöße im Topf – und wie langsam die perfekte Glut auf dem Grillrost entsteht. Oder freilich »Die schönsten Wanderrouten«: Ein einsamer Wanderfreund läuft mit Kopf-Kamera durch den Thüringer Wald – und warum nicht auch durch das Weißbachtal?

So grübelte ich auf dem Rückweg. Da knackte es im Unterholz. Würde gleich eine Wildsau aus dem Gebüsch preschen? Oder Bodo Ramelow mit einem Kamera-Team im Schlepp? Was von beiden wäre mir lieber?

Ich beschleunigte und hoffte, Tiefthal rechtzeitig zu erreichen. Und ich betete: »Oh, lieber Gott, lass es ein Schwein sein!«

Das Kreuz mit dem Kleeblatt

Geblitzt im November 2016

Ich möchte das Hermsdorfer Kreuz würdigen, weil sich sonst niemand darum schert. Es ist nach dem Schkeuditzer Kreuz das zweitälteste Autobahnkreuz in Deutschland, es wurde als Kleeblatt gebaut, und über 100.000 Autos brausen täglich darüber.

Wenn sie brausen! Oft genug ist Stau am Hermsdorfer Kreuz – das Kleeblatt bringt kein Glück – und es ertönt ein großes Murren und Knurren in der Kolonne der Kreuzfahrer, weil sie zu Kreuzstehern mutieren. Wenn Stau ist, ist Stau! Diesen Unmut hat das Hermsdorfer Kreuz nicht verdient. Es ist reich an Attraktionen und lädt zu Aktivitäten ein.

Ich meine nicht die Blitzer-Flitzer. Das sind irre Laufsportler, die an den fest installierten Blitzern vorbeisprinten – pausenlos und nie erschöpft –, um zu testen, ab welchem Tempo ein Foto von ihnen entsteht. Nein, das ist etwas für durchtrainierte Profis mit Sockenschuss. Ich meine es ehrlich, gut und schön. Also raus aus dem Auto – und loserkundet!

Im nahen Reichenbach schauen die Kreuzzügler den Porzellanbauern zu, wie sie niedliche Figuren formen. In Hermsdorf lohnt ein Abstecher in die feine Stadtbibliothek zu feinstem Lesestoff. Im benachbarten Sankt Gangloff erwartet die Freundinnen und Freunde von Heißgetränken ein stärkender Goldmännchen-Tee, der dort beheimatet ist. Bereichert und gekräftigt schlendern die Besucher anschließend zurück zu ihrem Wagen, der seit Stunden auf der A 9 am Hermsdorfer Kreuz die rechte Spur versperrt.

Gut, die Autobahn-Touristen sollten zunächst sauber auf dem Hermsdorfer Rastplatz einparken. Von dort aus lässt sich das Thüringer Holzland erforschen. Mit etwas Glück sieht man den putzigen Mutz, den viele vom schmackhaften Mutzbraten kennen. Der geübte Wanderer schafft es möglicherweise bis nach Bad Klosterlausnitz in die Kristall-Therme. Wem das zu weit ist, dem empfehle ich in entgegengesetzter Richtung das Teufelstal mit der Teufelstalbrücke. Egal, wohin man schreitet oder schaut – es gibt überall etwas zu bestaunen. Das ist ein Kreuz mit dem Kreuz! So ist es nun einmal an einem solch zentralen Ort.

Das Hermsdorfer Kreuz war schon ein Knotenpunkt, als es noch gar nicht betoniert war. Damals konnten unsere Vorfahren von Norddeutschland bis ins Osmanische Reich reisen. Heute schaffen wir es höchstens von Berlin nach München. Der Osmane bekommt keinen Besuch mehr.

Immerhin wird die große Bedeutung kreuzweise im Wappen von Hermsdorf hervorgehoben. Das zeigt eine Tanne auf der einen und einen Bären auf der anderen Seite – und unter ihnen und dazwischen die Autobahn. So können sich Tanne und Bär nicht »Gute Nacht« sagen, denn durch die A 9 sind sie für immer voneinander getrennt. Die A 4 versperrt ihnen zudem die Flucht nach unten. Obwohl die Tanne solche Pläne längst aufgegeben hat – sie ist zu fest in der Region verwurzelt.

Das ist nicht bei jedem so. Mancher träumt und träumte von Freiheit. Wie mein guter Freund Max Martin. Max lebte in seiner Kindheit in Eisenberg und zog von dort aus los ans Hermsdorfer Kreuz, um am Autobahnrand nach weggeworfenen Tic-Tac-Packungen und Kaugummi-Papier zu suchen. Fand er etwas, roch er daran und freute sich. Das war der Westen.

Ich glaube, Max hält daran fest. Er war einer der ersten Besitzer des Puzzles »Hermsdorfer Kreuz«. Das kann man wirklich kaufen, und es hat 1.000 Teile. Ich bin mir sicher, dass Max an den schönsten Teilen riecht und sich an seine Kindheit erinnert. Eventuell lutscht er sogar daran.

Wenigstens zu diesem Puzzle rate ich jedem, der das Hermsdorfer Kreuz meistern will. Wer dort strandet und trotz meiner Tipps nicht die Gegend erkunden möchte, kann auf der Motorhaube ein Bild bauen. Und wer ohne Stau und ohne neckischen Familienspaß auf der Haube ungebremst durchrutscht, hat immerhin eine nette Erinnerung an dieses sicher einmalige Erlebnis. Das fertige Kleeblatt ist wirklich wunderschön.

Bad Supermegasalza

Ich finde das verwirrend: Bad Sulza, Bad Salsa, Bad Langensalza, Bad Salzungen. Nie weiß ich am Tag nach dem Badetag mit einhundertprozentiger Sicherheit, in welchem Bad ich gewesen bin. Jedes besitzt eine Therme und viel Salz und führt den Titel »Bad«. Das macht mich ganz kirre!

Moment mal, in welchem der erwähnten Bäder ist in Bad und WC nicht alles okay? Richtig, Bad Salsa existiert nicht. Ein Kurort, in dem ganztägig lateinamerikanisch getanzt wird, fehlt uns. Vorauseilend wollte ich ihn hier erwähnen.

Ich möchte an dieser Stelle nicht Bad Langeherumsülzen oder so. Wie kann man diese schönen Bäder in den Griff kriegen und sie doch noch voneinander unterscheiden?

Beginnen wir mit Bad Sulza. In die dortige Toskana Therme lockt ein Tempel der Stille, in dem die Badegäste still sein sollen, während sie wie tote Fische im Becken treiben. Das passiert nie, sie haben laut zu plappern, zu prusten, zu planschen oder – pardon – zu furzen. Tödliche Gase wallen über das Becken. So wird der Tempel der Stille zum Tempel des Todes.

Ein zusätzliches Unterscheidungsmerkmal steht draußen vor der Therme: das falsche Goethe-Gartenhaus, eine exakte Kopie aus Weimar. Der folgende Reim nützt, sich dieses Merkmal einzuprägen:

Aus dem falschen Goethehaus
Schaute niemals Goethe raus,
Dafür Detlef und Doreen –
Die ha'm alles schon geseh'n.

Reisen wir nach Bad Salzungen. Hier bestechen direkt neben der Therme die beeindruckenden Gradierbauten, an denen atemfreudige Besucher entlang hecheln dürfen. Sie ziehen sich vorher einen weißen Gespensterkittel an. So kleckern sie sich nicht die guten Sachen voll. Für Neulinge und Nicht-Graduierte: Gradierbauten sind große Holzgestelle, die mit abgelaufenem Sauerkraut bespannt sind (womit sonst?), über das die Besitzer Salzwasser rieseln lassen. Das riecht ausgefallen und es erleichtert, weil man sich bei jedem Atemzug freut, dieses Gammel-Sauerkraut nicht essen zu müssen. Ich hoffe, ich habe mich mit dieser simplen Erklärung nicht degradiert. »Sauerkraut« ist die Eselsbrücke für Bad Salzungen.

Bleibt Bad Langensalza. Das ist ein Ort mit langen Wegen zwischen wunderschönen Gärten, die in der salzigen Stadt verteilt sind. Aus Platzgründen kann ich sie nicht vollständig aufzählen, höflich erwähne ich den Rosengarten und den Japanischen Garten. Im ersten gedeiht die Rose, im zweiten blüht der Sushi! In diesen Gärten und zwischen ihnen lässt es sich schier endlos spazieren. Allein Japan ist weit. Da qualmen die Socken nach dem Marsch durch Bad Langensalza. Künftig erinnert euch das Schnuppern an den Füßen daran.

In Bad Supermegasalza legen die Kurgäste gern eine flotte Sole aufs Parkett.

Ein Gedicht, ein gegärter Kohl, ein Geruch – sie bringen euch Glück und geben Halt in Bad Sulza, Bad Salzungen und Bad Langensalza.

Doch die Gebietsreform in Thüringen ist in vollem Gange. Da könnten die drei Bäder zu einem riesigen Bäder-Dreieck fusionieren, das sogar Gotha, Erfurt und Weimar umschließt. Guckt es euch auf der Karte an: Sie werden eingekreist, obwohl es kein Kreis, sondern ein Dreieck ist!

Da steckt Soul in der Sole! Das wäre das Salz in der Thüringer Suppe: ein Superbad oder ein Supermegabad namens Bad Supermegasalza, kurz SMS. Ein Staat im Freistaat!

Wer nicht mitzieht und zurückschaut, erstarrt zur Salzsäule – wie Lots Frau in der Bibel, als sie sich nach Sodom umdrehte. Pfeffer und Salz – Gott erhalt's! Daher blicken wir voraus und ehren das Salz. Am besten besingen wir es: »Oh Sole Mio!« Drei-vier!

Rettet Nordthüringen!

Geblitzt im Mai 2015

Niemand merkt, was in Nordthüringen schief läuft. Beziehungsweise schief steht. Anstatt den schiefen Kirchturm in Bad Frankenhausen endlich gezielt umfallen zu lassen, wird Geld ausgegeben, ihn schön schief stehen zu lassen. Das kostet – und frustriert die Einheimischen, die sich gern etwas Anderes kosten lassen möchten. Etwa echte Elefanten fürs »Elefantenklo«.

Hätte man den schiefen Turm nicht mit an den Spanier verkaufen können, der im Eichsfeld die Burg Gleichenstein erworben hat? Der will dort Falken züchten. Demnach kann er in Bad Frankenhausen eine Zwischenstation für Übungsflüge gebrauchen! Für die edlen Falken zum Ausruhen und ihren vogelhaften Toilettengang. Will heißen: Die gefiederten Gäste scheißen auf Bad Frankenhausen – und gleiten majestätisch zur Burg Gleichenstein zurück.

Natürlich kann man Nordthüringen nicht vollständig an reiche Spanier verscherbeln – das ist keine kanarische Insel und für spanische Investoren viel zu ungastlich. Die möglichen Käufer müssten zur inneren Erwärmung unglaubliche Mengen an Alkohol konsumieren – zum Beispiel Doppelkorn aus Nordhausen.

Nordbrand hat zuletzt deutlich weniger Doppelkorn verkauft. Das ist traurig. Bisher haben die Nordthüringerinnen und Nordthüringer das getan, was am besten in ihren Landstrich passt: Sie haben ihn sich schön getrunken. Doch wenn sie nun weniger im Delirium herum torkeln und ihre Umgebung nicht mehr verschwommen vor sich sehen, gefällt ihnen diese vielleicht nicht mehr – und sie hauen ab in den Süden.

Kein Problem, der Thüringer Wald ist groß genug. Nur ist der Südthüringer nicht unbedingt als großer Freund der Fremden bekannt. Nordthüringer sind Fremde: Sie rollen nicht das »R«.

Friede, Freude, Bratwürste – die Probleme sind vorprogrammiert, bald rumpelt es auf dem Rennsteig!

Das lässt sich verhindern! Die Bevölkerung von Städten, die auf »Hausen« enden (Entenhausen ausgenommen), wird aufgefordert, deutlich mehr zur Flasche greifen. Die Wirtschaft fördert das: Nordbrand senkt die Preise und rückt verbliebene Ostbestände gratis heraus.

Wie sang Heinz Erhardt?

»Wenn ich einmal traurig bin, trink ich einen Korn.
Wenn ich dann noch traurig bin, trink ich noch'n Korn.
Wenn ich dann noch traurig bin, trink ich noch'n Korn.
Und wenn ich dann noch traurig bin, fang ich an von vorn!«

Alkoholtest:
Wer dieses Foto schief sieht, muss noch einen Doppelkorn trinken.

So kurbelt man die Entwicklung an – und das doppelt. Wir reden ja nicht von Korn, wir reden von Doppelkorn. Und wenn sich die Menschen ihre Region wieder schöngetrunken haben, sind sie sicherlich bereit, in Nordthüringen zu bleiben.

Oder es zieht Plan B! Nordthüringen wird doch noch Spanien angedreht – mit einem Trick: Sämtliche Nordfrauen und Nordmänner werfen gleichzeitig ihre Holzkohlegrills an – und auf einmal wäre es warm genug für Thuringia España, das Paradies auf Erden. Die Bullen organisieren Stierkämpfe, Klöße werden zu Tapas umgeschnitten – und irgendwann spielt Real Nordhausen gegen Atlético Nordhausen. Wobei einer der beiden Clubs von Ronaldo trainiert wird.

Ist das passiert, schauen wir aus dem restlichen Thüringen neidisch rüber. Denn den Rest unter Bodo Ramelow will niemand haben. Außer Nordkorea ...

Alles ist atemlos gut!

Geblitzt im April 2015

Ich will mich positiv äußern und bewundern, dass Helene Fischer so viele Echos gewonnen hat. Das hat sie verdient, sie ist nämlich witzig. Sie hat den Echo auch schon selbst moderiert und am Ende gesagt: »Das war die Bambi-Verleihung!« Das bringt nicht jeder fertig!

Außerdem schmettert Helene Fischer diesen einen Hit, den wirklich die gesamte Nation kennt. Sogar die Fußball-Nationalmannschaft kann den Kehrreim mitbrummen. Ich singe manchmal auch, doch meine Lieder will niemand hören. Möglicherweise hat das mit der Herkunft zu tun. Ich verfüge über keine sibirischen Wurzeln wie die Schlagersängerin. Die schöne Jelena Petrowna Fischerowa stammt aus Krasnojarsk. Dort kann man eben nur singen und springen. Wer etwas werden will, springt am besten weg und singt woanders.

Aber Helene Fischer kann auch nicht alles! Sie kann trotz ihrer Artistik nicht fehlerfrei »Eichhörnchen« sagen. Genau wie Putin oder der Clown Popow! »Eichhörnchen« kriegen Menschen russischer Herkunft nicht raus. Das geben Zunge und Mund der Russen einfach nicht her. Endgültig vorbei ist es bei »Eichhörnchenwürstchen«.

Ein Bekannter hat das in Suhler Diskotheken an vielen russischen Blondinchen ausprobiert, die durch die Bank phonetisch gescheitert sind. Ins Bett sind sie ihm deshalb nicht gefolgt, um dort ihre linguistischen Hausaufgaben oder Beugeübungen zu erledigen.

Helene Fischer bleibt ohne »Eichhörnchen« im Geschäft und entdeckt die Werbung für sich. »Atemlos durch die Nacht« wäre perfekt für ein Asthma-Spray. Aber nein, Helene hat sich Premium-Produkte herausgepickt. So kredenzt sie ein eigenes Parfüm: »That's me by Helene Fischer«. Ich habe es heimlich aus einem Tester an mich rangesprüht. Seitdem drehe ich mich ständig um, weil ich mir einbilde, dass der Florian Silbereisen hinter mir her ist...

Da fällt mir glatt ein zweites Lied von Helene Fischer ein: eine aufgemotzte Version von »Biene Maja«. Weil Karel Gott verhindert ist und seine Energie lieber in ein Album buttert, das »Herr Gott nochmal« heißt.

Von der Biene Maja kann die Biene Helene einiges lernen. Maja zeigt ihr, wie man noch mehr Geld verdient – mit Biene-Maja-Puppen, Biene-Maja-CDs, Biene-Maja-Büchern, Biene-Maja-Luftballons, Biene-Maja-Bettwäsche, Biene-Maja-Rucksäcken, Biene-Maja-Bausteinen, Biene-Maja-Brettspielen, Biene-Maja-Gummistiefeln, Biene-Maja-Party-Girlanden und natürlich Biene-Maja-Gummitieren – ja, die Kinder sollen Biene Maja und ihre Sippe essen!

So wundere ich mich überhaupt nicht, dass das Erfurter Restaurant »Charleston« neben Seezunge und Dorade neuerdings Hummel anbietet. So steht es draußen an der Tafel. Wenn ihr Hummel bestellt, nehmt unbedingt Pommes dazu. Ansonsten werdet ihr nicht satt!

Diese Gefahr besteht auch bei Eichhörnchenwürstchen. Doch eine ordentliche Portion Kartoffelsalat dazu – schon ist alles in Butter. Für Butter wirbt Helene Fischer auch. Man kann sie sich also schön aufs Brot schmieren.

Als Nachtisch empfiehlt sich Bienenstich.

Mit dem Willen zum Grillen

Geblitzt im Juni 2015

When the sun goes down, wird die Bratwurst braun«, so dichten die Disco Boys. Der Grill-Entertainer Andreas Rummel aus Nordhausen wird nicht müde, folgendes Sprüchlein abzusondern: »Wer ander'n eine Bratwurst brät, braucht ein Bratwurstbratgerät.« Welches darf es sein?

Schmerzhaft erinnere ich mich an ein Gartenfest, bei dem ich Würste für 50 Leute auf einem kleinen Elektro-Grill briet. Obwohl das Teil auf seinen 40 x 20 Zentimetern rot glühte, wurde es für die Würste nicht heiß genug. Die Gäste schimpften, gaben kluge Ratschläge oder gaben auf, indem sie die Würste roh wie Eis am Stiel schleckten. Genügsamere Gäste hingegen verhungerten wahrscheinlich, und der Elektrogrill kühlt noch heute aus – auf irgendeinem Schrottplatz. Also: Elektrisch ist hektisch!

Gas hingegen sorgt für Spaß – bis zur ersten Verpuffung. Wer einmal erlebt hat, wie eine gezündete Gasflasche losfliegt und durch Wände wie durch Butter geht, schnallt die böse Schwiegermutter vorher an die Pulle. Jene, deren Schwiegermutter bereits im Himmel ist, nehmen Abstand vom Gasgrill.

Um es kurz zu machen, ich bin für Feuer! Holzkohlegrills könnt ihr in verschiedenen Größen und Preisklassen erwerben. Man kann sie prima bei Waldbrandstufe 3 mit in den Wald nehmen und nicht nur das Grillgut schön schwarz werden lassen.

»Fire–Food–Fun!«, preist sich der Grillmann Andreas Rummel aus Nordhausen international an. Das wussten schon die Urmenschen: Feuer ist gebratenes Essen und Spaß. Und dabei konnten die gar kein Englisch.

Seit einem Grillkurs beim Grillweltmeister Hans-Joachim Fuchs grille ich ohne Stichflamme. Zuvor zündete ich beim Anheizen oft den Sonnenschirm der Nachbarn und unsere Sitzpolster an. Inzwischen bleibt das Feuer dort, wo es hingehört: im

Grill (und an der Hose der Nachbarn). Das hat mich der Meister gelehrt!

Meinen Kumpel Matze und mich brachte dieser Kurs ins Fernsehen. Der Rest der Teilnehmer bestand ausschließlich aus Leuten, die für »Kabel eins« einen Film über den Grillkurs drehten. Dadurch waren Matze und ich ununterbrochen im Bild, weil ein Kamerateam sich nie selbst zeigen darf. Wir grillten, chillten, aßen und tranken über Stunden. Außer uns und Meister Fuchs war im fertigen Film niemand zu sehen. Sonst hätten die »Kabel eins«-Zuschauer gedacht: »Aha, die Beschäftigen dieses Senders sind Pyromanen – und verfressen und besoffen!« Ich kann das heute schreiben, weil es verjährt ist und das Fernsehen inzwischen viel schlimmere Dinge zeigt – wie »Topmodel« oder »Shopping Queen«.

Diesem Radfahrer sind die Weimarer Wurst.

Wichtig bei der Grill-Party ist: Der Mann oder die Frau am Grill will nicht angesprochen werden. Er oder sie will nicht mit am Tisch sitzen und gemeinsam mit der Meute speisen. Er oder sie will sich heimlich die besten Häppchen direkt vom Rost in den Mund stecken. Liegen Hamburger darauf, kann es sein, dass nicht einer am Tisch serviert wird.

Fällt euch das auf, sagt nichts! Findet euch stattdessen mit einem frischen Bier für den Griller oder die Grille am Rost ein und nascht schweigend mit. So geht das in Thüringen! Ohne Strom, ohne Gas – und vor allem: ohne Worte.

Theatersommertheater

Geblitzt im Juli 2014

Was in der Landeshauptstadt »Theatersommer« heißt, nennt man andernorts »Sommertheater«. »Das ist gehüpft wie gesprungen«, sagt meine Frau dazu. Beides fällt ins Wasser. Immer regnet es, wenn wir in Erfurt oder Jena im Sommer ins Theater gehen. Es platscht heftig auf den Plastiksack, den man sich über den Kopf zieht, die Turnschuhe laufen voll und die patschnassen Klamotten kleben am Körper wie eine zweite Haut.

In Weimar geschieht das nicht – da werden Theatergängerinnen und -gänger gebraten, die in den Stadtschloss-Hof geraten: 40 Grad und kein Schatten. Da brennt's einem das Hirn weg, was jedoch getoppt wird vom Liebhabertheater Großkochberg.

Das ist etwas für Liebhaber von abgestandener Luft – hier laufen Singspiele, Kammerspiele sowie Brot und Spiele in einem ungelüfteten Raum. Dafür pranzt die Toilette im Keller des dortigen Schlosses mit italienischem Marmor, da die heimische Fliese der Stiftung Weimarer Klassik wohl zu popelig schien für den erhabenen Ort. Sicherlich ist mir die Hitze im Theater zu Kopf gestiegen.

Hingegen gut erinnern kann ich mich an einen »Sommernachtstraum« in der Erfurter Barfüßerruine, in dem mittendrin der Kobold Puck plötzlich ausgeträumt hatte. Er verwandelte sich in einen mittelmäßigen Schauspieler, der Titania, Zettel und Co links liegen ließ und stattdessen eine politische Rede hielt, um die Kulturpolizisten der Stadt anzuprangern.

So intellektuell muss es nicht sein! Nein! Einfach ist einfach schön. Wie ich an einem Wochenende im Spreewald gelernt habe: Südfrucht vergeht, saure Gurke besteht.

Statt wilder Exotik natürliche Nähe – in diesem Sinne funktioniert Theater auch herrlich zu Hause. Zu Hause ist es am schönsten. Ich denke an unsere Nachbarn, vor deren Terrasse ein Bewegungsmelder saß, ein harter Vogel vom Pfennigpfeiffer. Kaum kam ein kleiner Hund auf den Hof, biss er dem witterungsfesten Wachposten den Kopf ab. Der Hund war beinah kleiner als der falsche Spatz und besiegte ihn trotzdem. Das gab ein Theater!

Ich habe ebenfalls das Zeug dazu und veranstalte ein großes Spektakel, wenn etwa jemand meinen Grillrost in die Mülltonne wirft.

Wer von den genannten Beispielen nicht genug hat, sollte zudem auf die sommerliche Kinderoper »Die Omama im Apfelbaum« verzichten. Die ist gefährlich und bringt die Kinder auf dumme Gedanken. Man stelle sich vor: Omama sitzt im Apfelbaum, Opapa im Kirschbaum, Onkelchen im Pflaumenbaum und Tantchen in der Quitte. Und während sie da hocken, nehmen ihnen die Kinder die Leiter weg und lassen die Alten in ihren Bäumen verrotten! Oben geblieben ist noch keiner. Man sieht sich – als Fallobst!

Das Krankenhaus im Zentrum der Stadt

Geblitzt im Mai 2016

Auf der Kinderseite unser Zeitung habe ich gelesen, dass im Theater in jeder Vorstellung ein Arzt sitzt. Das ist gut so, falls jemand aus dem Rahmen oder in den Orchestergraben fällt. »Lassen Sie mich durch, ich bin Arzt«, sagt der Arzt. Nicht auf dem Weg zum Ausgang, er dringt vielmehr zur Unfallstelle vor. Egal ob er Zahnarzt, Radiologe oder Internist ist. Dieser Arzt wird dafür nicht bezahlt, er erhält allabendlich zwei Freikarten. Und damit dieser eine Arzt nicht durchdreht und jedem Stück wieder und wieder beiwohnen muss, wechseln die Ärzte sich ab. Es besteht also keine gleichbleibende Arzt-Qualität im Theater. Nicht so wie bei den Feuerwehrmännern – das sind stets echte Feuerwehrmänner und nicht mal mehr oder weniger Feuerwehrmänner.

Mich beunruhigt das sehr, weil ich nicht weiß, welcher Arzt genau Dienst tut. Nehmen wir an, dass ich mir den Fuß auf der steilen Theatertreppe verknackse. Kommt der Augenarzt, raunt er: »Schauen wir mal.« Ist es der Hautarzt, urteilt er: »Fasst sich gar nicht gut an.« Und der Ohrenarzt beruhigt: »Das hört gleich auf.«

Theaterbesucher müssen aufgeklärt werden, wer der diensthabende Doktor ist. Das wird ab sofort im Programmheft abgedruckt. Niemand ist heiß auf eine Darmspiegelung im ersten Rang – durchgeführt von einem Orthopäden.

Ich jammere hier auf hohem Niveau. Wir sollten dankbar sein, dass überhaupt ein Experte im Raum weilt, der den Eid des Hippokrates geleistet hat. Hippokrates von Kos war der berühmteste Arzt des Altertums – der hätte eine eigene Oper oder ein Theaterstück über sich mehr als verdient. Das monumentale Werk könnte heißen: »Götter in Weiß«, »Das Krankenhaus im Zentrum der Stadt« oder »Haben Sie Ihre Chipkarte mit?« Stimmen Sie jetzt ab! Die Regisseure der Serie »In aller

Freundschaft – Die jungen Ärzte« übernehmen die Umsetzung. Die warten schon ewig auf eine echte Seifenoper. Und »Happy Hippo« hieße das Kinderstück.

Bis das geklärt ist, wird der freiwillige Theater-Dienst des Arztes aufgewertet. Ich plädiere für einen Kurzauftritt im Stück. Die Oper Erfurt schreitet zur Tat. Bei »Orpheus und Eurydike« prüft eine Allgemeinmedizinerin auf der Bühne geschwind, was mit Eurydike los ist und stellt öffentlich den Totenschein aus. Bei »Evita« erhält die sieche Hauptdarstellerin kurz vor Schluss eine Opiumspritze, um das Finale durchzuhalten. Die »Csárdásfürstin« schluckt Vitamin B, um endlich gesellschaftsfähig zu werden. Das wäre Medizin nach Noten. Wie in der gleichnamigen Sendung im DDR-Fernsehen!

In der Pause dürfen die Kassenpatienten zugucken, wie der Arzt mit Privatpatienten Sekt trinkt, anregende Gespräche führt und dezent lacht. Wem da beim Zuschauen die Knie weich werden – der Arzt ist gleich in der Nähe.

Das läuft wie Hulle! Dieser Gedankengang ist ausbaufähig. Wahlweise reden wir in der Landeshauptstadt von »Theater« oder »Oper« – je nachdem, was wir gerade am Brühl benötigen und dort eigentlich nicht haben. Wir fügen flugs »Klinikum« hinzu, denn das hat die Stadt da erst recht nicht.

Der Arzt wäre damit faktisch daheim, und das Klinikum »Helios 2« wäre ein Selbstläufer. Denn so ein Klinikum heilt die Menschen, und es belastet nie den Kulturetat.

Manchmal liegen die Lösungen auf der Hand. Sie stehen einfach so zwischen den Zeilen auf der Kinderseite unserer Zeitung.

Kassenpatienten müssen immer schön gesund bleiben!

Unsere TTR, sie lebe hoch!

Geblitzt im Januar 2015

Hoffentlich habt ihr zünftig Weihnachten gefeiert! Denn es ist ungewiss, ob dieses Fest in Thüringen überlebt – unter der Landesregierung mit dem linken Ministerpräsidenten. Zwar passen die Farben Rot-Rot-Grün durchaus zum Heiligen Abend, und ich erinnere mich an einen Cartoon aus dem Eulenspiegel-Kalender, auf dem eine Rotznase den Weihnachtsmann bedroht: »Rück das Zeug raus, du rote Sau!« Aber fegen solche farbigen Verbindungen die Bedenken hinweg? Wird es Apfelsinen und Bananen geben? Wird die Bückware eingeführt? Werden Halstücher an Pioniere ausgeteilt? Und wird eine Mauer um Thüringen gezogen?

Solche Fragen wurden heftig in der Erfurter Kneipe »Moser« diskutiert. Dabei hat der eine oder die andere nach dem einen oder anderen Bier vorgeschlagen, die zentrale Grenzkontrolle in den Jagdbergtunnel zu verlegen. Das wäre eine große historische Chance: der Tunnel nicht als Fluchttunnel, der Tunnel als Einlass-Kanal. Am Ausgang leuchtet die TTR, die Tolle Thüringer Republik. Mit entwickelten Thüringer Persönlichkeiten, einer Freien Thüringer Jugend (FTJ) und – gerade im Winter wichtig, wenn der Biathlet im Walde steht – mit der GST, der Gesellschaft Sportlicher Thüringer.

Was für eine Vision, doch die ewig Gestrigen torpedieren sie! Sie behaupten, die LINKE wäre mit der PDS und in zweitem Grade mit der SED verwandt. Solche Stänkerfritzen befürchten gar, LINKE und SPD könnten sich zur SET zurückvereinen – zur Sozialistischen Einheitspartei Thüringens. Als Beispiel für den Kreislauf der Geschichte.

Das finde ich nicht in Ordnung. Da ist Unrecht im Staat. Solche Umbenennungen sind in der Wirtschaft üblich. Nach der Insolvenz ist vor der Insolvenz. Unternehmen polieren sich auf und drängen unter neuem Namen zurück auf den Markt. Ich sage nur: »Raider heißt jetzt Twix!«

Das wäre die Idee für den Thüringer Verfassungsschutz, der seinen NSU-Makel irgendwie nicht loswird. Soll er sich ebenfalls umbenennen! Wie wäre es mit STASI? Das steht für »Schnelles-Thüringer-Aufsichts-und-Schutz-Institut«.

Den Zweiflern rufe ich zu: Zur Not feiern wir das Weihnachtsfest im Untergrund, stilecht in einer Scheune in Kleinobringen! Und: Wir setzen auf Berlin. Wenn es die Thüringer Republik zu bunt treibt, schicken die Berliner Truppen nach Weimar. Dann kann nur noch der Putin dem Ramelow helfen. Es lebe die TSF – die Thüringisch-Sowjetische Freundschaft!

In der Fremde

Husch, husch, husch, die Eisenbahn!

Geblitzt im Januar 2016

Husch, husch, husch, die Eisenbahn – wer will mit nach Halle fahren?«, haben die lieben Kinder bis eben gesungen. Das ist vorbei. Die Bahn rauscht dermaßen rasch von Erfurt nach Halle, dass die Mädchen und Jungen das erste »Husch« schaffen – schon sind sie da. Die neue Strecke ist fertig und sorgt für Tempo. Das Gleis ist heiß! Aber nicht alles ist schön im Vollzug. Vor allem Pendler wissen das. Sie reisen nicht zum Spaß mit, sie müssen zur Arbeit.

Darum stellen sie – kaum zugestiegen und einen Platz ergattert – die Tasche auf den Nebensitz und hoffen, dass ihn keiner begehrt. Das bleibt eine Hoffnung. Es steigen ein: der Geschäftsmann, der Fress-Sack, der fernreisende Student mit dem Interrail-Ticket – dicht gefolgt vom Urlauber, dem Plappermaul und der Schulklasse.

Der Geschäftsmann beansprucht selbstverständlich einen Platz am Tisch, den er für Laptop und Unterlagen braucht. Kaum installiert, gestaltet er das Großraum-Abteil zum Großraumbüro um und brüllt wichtig in sein Telefon, dass auch der letzte Fahrgast an seinen Geschäften teilhaben kann. Scheinbar hat es für die 1. Klasse nicht gereicht.

Der Fress-Sack benötigt keine großen und großspurigen Worte, dafür viel Nahrung. Eben erst im Sitz versunken, packt er sofort aus: hartgekochte Eier, Knoblauch-Baguette, Hackepeterbrötchen und Riesentüten mit Chips und Knusperflocken. Mit Cola spült er nach. Das schnurpselt, gluckert und schnuppert! Um die Duftnote abzurunden, hat die Mutti ihm ein paar Apfel-Schnitze mitgegeben.

Seine hat der Student mit dem Riesenrucksack und dem Interrail-Ticket in der abgewetzten Jeans längst vertilgt. Er ist der harte Hund unter den Bahnreisenden, jung und wild und ungeduscht. Das gibt ihm das Recht, seinen Rucksack durch den engen Gang zu rammen und damit die Köpfe der Mitreisenden aus dem Weg zu schrammen.

Endlich sitzt der Typ, da tritt der Urlauber auf. Der, der die Reise akribisch geplant hat – als Zug zum Flug ab Leipzig beispielsweise. Daher hat er eine Sitzplatzreservierung, die er beharrlich einfordert: »Entschuldigung, das ist mein Platz!« Sogar wenn der Großraumwagen leer ist – der Urlauber sitzt nur da, wo er reserviert hat. Sonst hätte er sich das Geld für die Reservierung sparen können – und der Urlaub wäre bereits vor Antritt vermasselt.

Langsam füllt sich unser Zug. Fehlen noch das Plappermaul und die Schulklasse. Das Plappermaul benimmt sich so, als ob es zum ersten Mal mit der Bahn fährt und kommentiert jeden Baum, der am Fenster vorbeihuscht – vorzugsweise in Begleitung eines kleinen verschüchterten Kindes. Dieses stumme Kind wird vom Plappermaul mehrmals laut ermahnt: »Sei leise!«

Bevor die Mitreisenden die Zähne fletschen, kommt's knüppeldicke. Eine Schulklasse drängelt in den Zug – und übernimmt ihn komplett, während zwei Lehrkräfte kraftlos versuchen, die Schülerschar zu bändigen. Was nur von einer singenden Senioren-Wandergruppe mit Sekt im Gepäck überboten wird!

Dem armen Pendler mittendrin hilft kein Verschanzen mehr. Da kann er sich Bücher, E-Book-Reader oder Zeitung vors Gesicht halten und sich per Kopfhörer aus dieser Welt verabschieden wollen.

»Husch, husch, husch, die Eisenbahn!« – wenigstens ist diese Folter schnell vorbei. Das allein zählt. Darauf ein »Husch! Husch! Hurra!«

Dick und Deutsch

Geblitzt im Februar 2016

Nein, die dicken Kinder sind nicht das Problem. Sie rodeln zwar nicht mehr mit dem Schlitten, sondern mit einem ausgeleierten Tupper-Dosen-Deckel, der sich »Popo-Rutscher« nennt. Der Schlitten ist zu schwer für das dicke Kind – ihn bergauf ziehend gerät es tüchtig ins Schnaufen. Bevor es auf halber Strecke kollabiert und schlaff den Hang hinuntergleitet, lassen es sich die Eltern lieber eine Plastikscheibe unter den Hintern klemmen, oder sie spendieren eine Plastiktüte. Trotz Leistungsabfall: Die dicken Kinder sind nicht das Problem. Selbst wenn sie die speckigen Ärmchen nicht mehr heben können, um Schneebälle zu werfen, der Oma zu winken oder beim Faschingsumzug Bonbons zu fangen. Diese dicken Kinder sind stärker als wir. Sie lernen früh zu kämpfen, weil sie zu fett zum Wegrennen sind.

Das Problem sind die Rentner! Statistisch gesehen ist jeder zweite Deutsche zu dick. Bei den über 70-Jährigen sind es bereits stramme 80 Prozent. Jeder Rentner wiegt zwei Zentner. Oma und Opa haben es nicht schwer, sie sind es! Die Generation »60plus« mag einst gesungen haben: »Wir werden niemals auseinandergehen.« Gehalten hat sie dieses Versprechen nicht.

Die Statistiker reiben sich die Hände. Sie deuten die Zahlen positiv, wenn nicht sogar adipositiv: Die Deutschen nehmen zu – nicht in der Stückzahl, aber in der Masse. Das Volumen stimmt. Also: Die fetten Jahre sind nicht vorbei, sie fangen erst an. Auch wer im Moment Normalgewicht hat, legt zu. Die Statistik lügt nicht: Je älter wir werden, desto dicker sind wir. Das ist ein Gesetz:

Heute bist du dünn wie‘n Schlauch.
Ab morgen wächst der Wohlstandsbauch.

Die Sache ist längst ins Rollen geraten. Masse mal Beschleunigung ist nicht zu stoppen. Solange der Rollator einen Doppel-T-Träger hat und der Treppenlift ein paar zusätzliche Stahlstreben, um das Schwergewicht ins Jenseits zu befördern – oder zunächst in die zweite Etage.

Wir müssen überhaupt keine Angst vor Fremden haben, wir können sie jederzeit erdrücken. Fetten, dass …? Hinter jeder deutschen Wuchtbrumme können sich mindestens drei dünne Flüchtlinge verstecken. Man sieht sie gar nicht! Nur wir sind dicke miteinander, also regen wir uns nicht auf.

Stellt sich die Frage, warum die deutschen Rentnerinnen und Rentner dermaßen dick sind. Dickmacher Nummer eins ist der Alkohol. Unser Altenbestand ist kugelrund – und hackedicht.

Deshalb sind wir nachsichtig, wettert so ein altes Eisen wahlweise gegen die Politik, das Wetter oder die Jugend. Dann war es einfach ein Schnäpschen zu viel. Schnell nachgegossen – sofort ist Ruhe. Prostata!

Ich hoffe, ich konnte ein wenig aufklären. Schließlich ist Deutschland das Land der Aufklärung, sonst hätten wir ja keine Tornados.

Streifen machen schlank.

Kompost, komm doch!

Geblitzt im Januar 2014

Seitdem die Post die Porto-Preise erhöht hat, wird sie zum Dank von Rentnern belagert. Die stehen dort stundenlang an. Wenn sie endlich dran sind, wissen sie nicht mehr, was sie eigentlich fragen wollten. Es riecht etwas streng in unserer Post, da viele Senioren den Zeitaufwand unterschätzen und nicht wie professionelle Biathlon-Fans – die tagelang an Pisten ausharren – gut gewindelt Vorsorge betreiben. Da stimme ich einem älteren Herrn zu, der in die Halle schrie: »Das ist Scheiße hier!« Ein weiser Mann, der Recht hatte. Da geht nicht mehr die Post ab. Es fehlt nur der Zivi, der die Erbsensuppe verteilt – es wäre wie im Seniorenstift.

Natürlich sollten wir der Post einen Denkzettel verpassen – und keine Briefe oder Postkarten mehr schreiben, auf Päckchen pfeifen und auf die Postbank erst recht.

Wofür gibt es Telefone und Handys? Ganz genau: Dafür, dass sie von der NSA und den Geheimdienstfuzzis abgehört werden! Schwärmt ein Rentner beim Telefonieren von der Bombenstimmung beim Seniorenfasching, wird er übers Weltall angepeilt, eine Drohne fliegt los und erschlägt ihn mit einem vergessenen Amazon-Paket. Eins, das nie bei der Post abgeholt wurde, weil es dort so voll ist.

Da schließt sich der Kreis posthum. Niemand wird mehr frech necken: »Kompost, komm doch!«

Was bleibt, ist die E-Mail, um sich über die räumliche Distanz hinwegzusetzen und Kontakte zu pflegen. Wer sich schützen mag, verschlüsselt seine Mails. Kein Problem!

Längst haben Senioren ihre Ängste vor Computern überwunden und mailen, dass die Festplatte qualmt. Nur wenige suchen den Schlitz am PC, um das Foto einzuschieben, dass sie anhängen möchten. Kaum einer scheitert beim »Code eingeben«.

Sie sind zwar keine »digital natives«, keine digitalen Eingeborenen. Aber sie sind die alten Hasen und erobern diese Welten für sich. Und was in der Folge aus den Eingeborenen wird, wissen wir nur zu gut von Kolumbus und Co.

Daher überlasst den Alten das Web! Geht lieber auf die Post! Bringt Zeit mit! Bis wir endlich am Schalter stehen, träumen wir in der Schlange von einer Briefmarke mit Angela Merkel vorn drauf. Man könnte sie ungestraft hinten anlecken.

Aus der Mode (1): Haar-akiri!

Geblitzt im Juni 2016

Wieso wird Rebellion über Haare ausgetragen? Mal sind es die Langhaarigen, die ihre Fettloden schütteln. Mal sind es die Kahlgeschorenen, auf deren Glatze sich keine Locke mehr wickelt. Dann schmücken sich Damen mit roten, grünen und blauen Strähnchen in genau dieser Reihenfolge. Und bei den Herren folgen einrasierte Muster, die vom Fußball bis zum Stern reichen.

Egal – vom Headbanger bis zur Schmalztolle, vom Irokesen bis zum Popperschwanz, die Aussage lautet einhellig: »Seht her, ich bin anders als die ander'n und tu' alles unterwandern!« So läuft das seit Jahrzehnten – seit den Pilzköpfen der Beatles und dem haarigen Musical »Hair«.

Ich verstehe diese große Haarigkeit nicht. Wir sind keine Affen mehr! Mein Unverständnis mag an meinen eigenen Haaren liegen. Sie sind dünn und kleben eher an meinem Kopf. Darum hat mein Kumpel Tom passend erkannt, dass ich die Frisur einer toten Taube habe. Das ist gewissermaßen meine Rebellion, denn wer rennt außer mir noch so herum? Keiner!

Der aktuelle Trend endet bald: Es ist der Hipster, der einen Dutt und einen Vollbart trägt. Er rebelliert mit einer Mischung aus Oma und Weihnachtsmann.

Demnächst lassen sich modebewusste Jungmänner stattdessen einen Schnauzbart stehen und flechten sich zwei Zöpfe wie die Wikinger. Freuen wir uns auf diesen Mix aus Horst Lichter und Pippi Langstrumpf!

Dabei steht ein Schnauzbart nur Dreien: Das sind der Detektiv Thomas Magnum, der Erfurter Kabarettist Ulf Annel und Antje, das Walross – ehemals Maskottchen des NDR.

Die haarige Revolution endet allerdings nicht auf dem Kopf, sie rutscht nach unten. Achselhaare werden entfernt oder gedüngt, auf dass sie buschig sprießen, um sie anschließend

Friseure sind die wahren Vordenker.

neonfarben anzumalen. So geschehen und gesehen bei Lady Gaga.

Und es geht heiter weiter – auf zur Intimfrisur! Wobei mich dank einer Frauenzeitschrift eine Rasur besonders beeindruckt: die einstreifige Landebahn. Das Mädel, dass sich dazu eine blinkende Weihnachtsbaumkette links und rechts der Bahn einpflanzen lässt, erweckt die perfekte Illusion eines Flugplatzes. Wer will da nicht Sportflieger sein?

Sparen wir die unteren Bereiche aus, es lesen Kinder mit! Konzentrieren wir uns auf die Kopfarbeit. Wer leistet sie? Wer profitiert von den wechselnden Trends? Wer macht uns die Haare schön?

Es ist der Friseur. Er steckt dahinter mit Schere und Rasierer, mit Lockenstab und Kamm, mit Trockenhaube und Föhn. Er versorgt die Frisuren mit Konturen und lenkt damit die Geschicke der Geschichte. Er tarnt sich mit harmlosen Namen wie »HAIRein«, »Kamm in«, »Frau Tolle« oder »Locken Roll«. Seine Mitarbeiterinnen, die »Abschnittsbevollmächtigten«, nennen sich unauffällig Peggy, Maggy oder Freddy.

Aber mich täuschen sie nicht länger. Die Revolution frisst ihre Kinder, und der Friseur hübscht sie vorher auf! Längst hat dieser harmlose Beruf eine politische Dimension erreicht – Weltherrschaft eingeschlossen!

Denn wer weiß wirklich alles? Wo laufen die Informationen auf? Wer kann Gerüchte und Klatsch geschickt streuen? Der Friseur!

Deshalb sagt am besten gar nichts beim nächsten Haareschneiden! Hört nur zu und sperrt die Ohren auf! Bis der Friseur sie euch abgeschnitten hat! Das ist die nächste Stufe – direkt vor Haar-akiri!

Aus der Mode (2): Tattoo-Tralala

Geblitzt im September 2016

Auweia, in 20 Jahren leben viele Omas und Opas mit Tattoos und Piercings an diversen Körperstellen. Dazu mit Löchern in den Ohrläppchen, sogenannten Fleischtunneln – »Flesh Tunnels« –, durch die man anfangs Tischtennisbälle werfen kann. Später lassen sich die riesig gewordenen Löcher als Armschlingen nutzen – oder man hängt die Einkaufstüten dran und hat die Hände frei.

Aus den Tattoos sind zu diesem Zeitpunkt längst verwelkte Schriften geworden, die niemand mehr entziffern kann. Überall am Körper rosten Metallklammern vor sich hin, die mutig klammern, wie sie es einst versprochen haben. Ich möchte nicht darüber schreiben, was sie klammern und was ohne sie auseinanderfällt.

Wenn solche Omas und Opas in den Urlaub fliegen, wird es an der Sicherheitskontrolle endlos piepen. Sie hören das nicht, diese Tinitussis und Tinitusseriche. Natürlich haben sie in der Jugend ihre Tattoos, »Flesh Tunnels« und Piercings stolz dorthin getragen, wo es laut ist – in die Clubs und zu den Festivals, um sie schön vorzuzeigen. Das ging natürlich auf die Ohren, nur um die ging es damals nicht (allenfalls um die »Flesh Tunnels« darin). Vielmehr ging es darum, sich möglichst ohne große Gespräche einen schnellen Gesellen für die Nacht zu angeln.

Da ist es praktisch, dass sich Mädchen den eigenen Namen in den Nacken tätowieren lassen oder Männer auf den Wanst. Da kann der mögliche Beischlafpartner beim Vollzug spicken, wie das beteiligte Wesen heißt. Falls er den Namen vorher nicht verstanden oder nicht einmal danach gefragt hat.

Nur rate ich ab, die Namen der eigenen Kinder irgendwo einzubrennen – das trägt zu Verwechslungen bei. Außerdem, mal ehrlich: Möchte irgendjemand, dass seine Eltern seinen Namen auf der Haut tragen? Stellt sie euch vor, unsere Mütterchen und

Väterchen, mit ihren 60 oder 70 oder 80 – und auf dem ledernen Rücken, dem zerfurchten Latz oder dem wettergegerbten Bein steht »Jürgen 1970« oder »Kerstin, mein Sternchen« oder »I ♥ Detlef«!

Ist das nicht peinlich? Oder sorgen solche Tattoos dafür, dass die darin erwähnten Kinder mehr geliebt werden, weil sich Mama und Papa durch die Inschriften schon morgens daran erinnern, dass da noch jemand ist?

Dann will ich nichts gesagt haben. Allerdings: Bis es nicht wissenschaftlich bewiesen ist, setze ich meine Kritik fort. Schlimm finde ich nämlich, dass sich immer mehr Frauen das Dekolleté tätowieren lassen. Nicht mit Pfeilen, die auf den Busen zeigen oder einer Bedienungsanleitung dafür, sondern mit sinnlosen Ornamenten und chinesischen Schriftzeichen, die vielleicht »Pekingente« bedeuten. Quak, quak! Das ist Quark, Klartext ist angesagt!

Bei Naturbusen etwa »Kein Schickimicki-Tralala«, bei echten Männerbäuchen »Bier formte diesen schönen Körper«. Das sind Tattoos, über die man spricht. Nur ich äußere mich über die hässlicheren.

Bei einer jungen unschlanken Frau entdeckte ich den fettgedruckten Satz »I love my family« direkt unterm Hals, sodass jeder, der ihr entgegenkam, diese Drohung lesen konnten, nur sie selbst nicht. Da wäre Spiegelschrift pfiffig gewesen – zur Bestätigung beim Aufenthalt im Badezimmer. Ich finde, eine Botschaft, die prominent über dem Herzen verkündet wird, sollte originell sein. »I love my family« ist es nicht.

»Love, love, love ...« – Diese Familie wird sich immer lieben. Und sei es nur aus Angst, weil die kräftige Mutti diese klare Aussage wie eine BILD-Schlagzeile über ihrem Brustpanzer spazieren trägt.

Ich bin für feinere Inschriften. Politisch wäre gut. Oder aufklärerisch. Oder eine Mischung aus beidem. Sowas wie »Xenophobie ist nicht die Angst vor Druckerpapier«.

Das ist freilich zu lang – da bräuchte man einen breiten Rücken als Unterlage. Sonst wird die Schrift viel zu klein. Überlegt in Ruhe, und ihr werdet knackigere Statements finden!

Apropos knackig! Knackis und Matrosen sind schuld – die haben damit angefangen und das Tätowieren, das es hier gar nicht gab, eingeschleppt. Ein uriger Witz belegt das: Ein Matrose liegt im Krankenhaus. Da sagt eine alte Krankenschwester zu einer jungen: »Der ist überall tätowiert, sogar an seinem Schwanz, da steht Rumbalotte drauf.« Da sagt die Junge: »Das glaub' ich nicht, da guck' ich nach.« Schließlich kehrt sie zurück und sagt: »Das heißt nicht Rumbalotte, das heißt Ruhm und Ehre der baltischen Rotbannerflotte!«

Wer solche Aussagen von sich geben möchte, kann das voll easy digital in den sozialen und asozialen Netzwerken tun. Der muss sich nicht gleich tätowieren lassen! Wer analog auf Schriftzüge steht, dem rate ich als Retro-Hetero zum Auto-Aufkleber.

Diese Aufkleber lassen sich bei Bedarf abpolken – und wenn nicht, wird eben drüberlackiert, oder das Auto wird verkauft. In diesem Fall erhält man Geld für das Entfernen. Probiert das mal bei einem Tattoo!

Hühnerklein

Geblitzt im Oktober 2016

Die Fernsehköchin Sarah Wiener besitzt depressive Hühner, erfahre ich bei einer Party in Berlin. Das sind die wahren Themen der Hauptstadt. Eine Fernsehfrau vom RBB weiß das. Sie scheint Sarah Wiener zu kennen und will sie in Gummistiefeln gesehen haben auf deren Bauernhof, irgendwo im Speckgürtel von Berlin. Auf diesem Hof leben die gestörten Hühner. Warum sie depressiv sind, wissen weder Sarah Wiener noch die Fernsehfrau vom RBB. Vielleicht trauern sie dem Vorbesitzer nach, von dem Sarah Wiener den Hof samt Federvieh übernommen haben soll. Oder sie haben einfach so eine Meise. Das muss man erstmal schaffen als Huhn, eine Meise zu haben.

»So ein Huhn kann mal schlecht schlafen. Oder es legt ein Ei – und das hat die falsche Farbe. Oder ein Ei legt sich quer. Weißt du's?«, redet die RBB-Tante auf mich ein, und ich weiß es natürlich nicht. »Genau, wer weiß das schon!« Die Frau fühlt sich von mir bestätigt – und das spornt sie an. Sie findet, dass sie ein wenig wie ein Huhn aussieht mit ihrer Nase. Also nicht die Sarah Wiener, sondern die Frau vom TV. Daher könne sie sich super in ein Huhn hineinversetzen. Ich bleibe höflich: »Ich weiß nicht, was ich dazu sagen soll.« »Siehst du«, lallt die Fernsehfrau, »Wer weiß das schon?«

Sie findet, dass man die Sprache der Hühner erlernen sollte, um zu erfahren, was sie genau gackern und glucken. Mit diesem Wissen könnte man die Hühner als Hühnerflüsterin heilen. »Wie soll das mit dem Flüstern gehen?«, frage ich. »Wo willst du da hinein flüstern? Hühner haben doch keine Ohren!« »Weißt du's?«, fragt die Fernsehfrau mit schwerer Zunge zurück. Ich will ihr sagen, dass die Hähne wahrscheinlich deshalb so laut krähen, damit die Hühner sie überhaupt hören. Aber sie hat das Interesse an den Ohren der Hühner verloren und dreht ab, um sich mit Getränken einzudecken.

Mir fällt Steffen Ginster ein, der in der Schule große Probleme mit der Rechtschreibung hatte. Darum kassierte er in einer Biologie-Klassenarbeit die Note 4, weil er bei den Merkmalen der Schweine schrieb: »Schweine haben keine Ohren«. Er hatte das L nach dem K vergessen und so den entscheidenden Punkt zur 3 verpasst. Noch bescheuerter ist die Frage, die kürzlich durchs Internet geisterte: »Sind Hühner Tiere oder Vögel?«

»Wer weiß das schon?«, würde die Fernsehfrau listig kontern. »Weißt du's?«

Vielleicht sind die Hühner depressiv geworden, weil so unsägliche Witze über sie verbreitet werden.

»James, sattle die Hühner, wir woll'n nach Texas reiten«, ist nur einer davon. Oder der mit dem Stotterer, der die Hühnerschar fast im Stall hat. Nur eins springt von der Leiter und will nicht. Da ruft der Mann: »Jetzt geh-geh da rein, sonst schlag' ich dich kaputt-putt-putt.« Und putt-putt-putt rennen alle Hühner wieder nach draußen.

Sind Hühner Vögel oder Tiere? Und was sind dann Möwen?

Das dumme Huhn, das blinde Huhn, das verrückte Huhn – das grenzt an üble Nachrede. Wer so gehänselt wird, ist auffällig und wird gesellschaftlich geächtet. Ein gerupftes Huhn! Eine Freundin, die sehr viel redet, erinnert sich für diese Kolumne: »Mein Lehrer hat immer gesagt, der Mensch stammt vom Affen ab, nur Maria nicht, die ist vom Huhn!« Ist das ein Kompliment? Wohl kaum. Hühner haben es wirklich nicht leicht. Das bezeugt der Spruch: »Das Leben ist wie eine Hühnerleiter – kurz und beschissen.«

Da mag ich nicht tauschen! Schließlich kann ich mich mit den depressiven Hühnern von Sarah Wiener identifizieren. Wenn man sich nur öfter die Zeit nehmen würde, über die Dinge nachzudenken, wäre vieles klarer.

Ich wünsche Wieners Hühnern von ganzem Herzen die Freiheit. Auf dass sie aufsteigen und davonfliegen. Nur nicht zum Wienerwald – das wäre lebensgefährlich. Von mir aus drehen sie eine Runde über Berlin und senden von dort oben einen Abschiedsgruß. Zitterbacke-Hühnerkacke!

Neulich auf dem Rundfunk-Klo

Geblitzt im Juli 2016

Wieviel Leute arbeiten beim Rundfunk? Ungefähr die Hälfte, würde ich spontan sagen.

Vor kurzem war ich beim Rundfunk und überzeugte mich davon. Im Anschluss musste ich auf die Toilette. Vorbei am Hörspielstudio, in dem Ilja Richter einen Text aufsagte. Manche Schauspieler bringen ihren Hund mit ins Studio, Ilja Richter brachte seinen Sohn mit. Ich habe ihn nicht gesehen, ich musste ja auf die Toilette. Bei den Herren war ein Klo nicht gespült. Aha, dachte ich mir, das könnte der Sohn von Ilja Richter gewesen sein. Mit fünfzehn haben Jungs andere Lebensziele, als Inschriften wie »Bei Streifen von Würsten, bitte bürsten« zu folgen. Darum droht man ihnen ab einem gewissen Alter, das ich bald erreiche, mit dem Stock hinterher

Beim Rundfunk öffentlich-rechtlicher Art wird gestütztes Essen gereicht. Das bedeutet nicht, dass eine kleine Stützhilfe unterm Teller steckt, damit die Spaghetti nicht verrutschen. Das bedeutet, dass das Essen wie in einer normalen Betriebskantine nicht so viel kostet, wie es kosten müsste, um – sagen wir – gut zu schmecken. Darum schmeckt es nicht nur nicht. Es ist generell nicht gut, sodass die Leute, die da zu tun haben, häufig die Toilette aufsuchen und dann dort zu tun haben.

Jetzt aber nicht, eine der beiden Kabinen war besetzt. Durch mich.

Dieser Notdurft-Trend beim Rundfunk reicht bis zur »Tagesschau«. Die schöne Judith Rakers und der Jan Hofer sind betroffen. Bis eben sah man nur ihren Oberkörper – und sie konnten im Unterrock oder im Schlüpfer moderieren oder mit Eimer untendrunter. Bei Durchfall kann das praktisch sein. Da läuft eine Sendung flüssig durch.

Das ist nicht länger möglich, oder die Praktikanten wischen die Sauerei weg. Spätestens beim Wetterbericht. Danach fährt die Kamera nach hinten – und jeder sieht, wie die Sprecherinnen und Sprecher hinter dem Ansagetisch stehen. Sie drehen sich etwas zum Zuschauer ein – und der erblickt sie daraufhin komplett mit ihren Beinen und Füßen.

Daher müssen sie äußerst korrekt bekleidet sein. Schlabberhose und Crocs sind unmöglich. Nachher hat ausgerechnet die schöne Judith haarige Hobbit-Quadratlatschen! Solche Eindrücke lenken sehr vom Nachrichtengeschehen ab.

Meinem Kumpel Micha ist das egal, er hat etwas Grundsätzliches zu bemängeln. Die Sprecherinnen und Sprecher sollten zu Beginn der »Tagesschau« niemals »Guten Abend!« sagen. Was dieser Begrüßung folgt, sind meist grausige Nachrichtenmeldungen, und der gute Abend ist im Eimer. In so einem Eimer, wo ehemals der Durchfall drin war ...

Das Auge pullert mit.

Micha schlägt vor, die Zuschauerschar neutral zu begrüßen, um den guten Abend nicht zu verderben. Ich halte dagegen, dass das nichts an den Nachrichten ändert. Die hätten vermutlich weiterhin nichts mit einem guten Abend zu tun. Micha entgegnet, wenigstens würde die »Tagesschau« dann nicht das Gegenteil behaupten. Ich befürchte, Micha ist kompliziert. Hiermit leite ich seinen Vorschlag öffentlich an die ARD weiter.

Die kann in diversen Ausschüssen darüber diskutieren, was voraussichtlich Jahre dauern wird. In Kennerkreisen stehen die Buchstaben ARD für »Alle reden durcheinander«. Darum weiß ich nicht, ob Micha das Ende dieser Diskussion bewusst miterleben wird und irgendwann niemand mehr »Guten Abend« sagt. Vielleicht steht ein spätes Dankeschön auf seinem Grabstein.

Solche Gedanken kamen mir nach dem Kantinenessen beim Rundfunk auf dem Klo. Nur weil der Sohn von Ilja Richter nicht gespült hatte. Sein Vater sprach im Hörspielstudio einen Text ein. Das erledigte er sicherlich prima. Weil es Hörspiel war und damit Radio, musste er für das Sprechen überhaupt nicht ordentlich angezogen sein. Er konnte nackt auftreten. Es sah niemand!

Weiter malte ich mir das nicht aus. Anders als der Sohn von Ilja Richter spülte ich und eilte davon.

Heißes Eisen (1): Die Dachgeschosswohnung

Wer kann sich erinnern? An die wunderschöne Dachgeschosswohnung mit Blick über die Stadt, auf schönere Dachgeschosswohnungen, Schornsteine und Dächer? Mit großen Galeriefenstern, lichtdurchflutet und natürlich mit Balkon oder Dachterrasse.

Wer kennt sie noch? Die Maisonetten-Dachgeschosswohnung, bei der es spannend war, wie der Makler »Maisonette« aussprach, während er an die Gipskartonwände pochte, um eingeschlossene Taubenzecken zu erschrecken? An diese aufge-

Der Markt für Dachgeschosswohnungen ist dramatisch eingebrochen.

motzten Trockenböden, deren Tuning in den 1990ern gefördert wurde, als vom real existierenden Sozialismus der Putz restlos abgebröckelt war.

Im Sozialismus hingen auf den Böden unsanierter Altbauten häufig die Unterhosen des Hauses zum Trocknen und selten verzweifelte Mietschuldner an den Dachbalken, und in kleinen Verschlägen verstaubte aufbewahrungswertes Hab und Gut. So war das.

Mit der Wende kehrte Leben direkt unter den Dachziegeln ein. Weil sie hoch oben leben wollte, die Oberschicht – im »neu renovierten« Dachgeschoss, wie der Makler tautologisch offerierte.

Weit weg von der blassen Unterschicht im Erdgeschoss – ein heller Platz an der Sonne sollte es sein, Quadratmeterpreis ganz egal, irgendwas bei 20 Mark. Im Erdgeschoss dagegen höchstens 4,50.

»Hell« bedeutet jedoch nicht umsonst aus dem Englischen übersetzt »Hölle«. Längst ist es in unseren hellen Dachgeschossen ähnlich heiß. 35 Grad gelten als kühl. All die schrägen Dachfenster werden verflucht.

Was also tun? Zunächst werden Hoch- zu Tiefbetten. Abducken bringt pro Meter mindestens ein halbes Grad. Und wer die Maisonetten-Variante bewohnt, verzichtet auf die Gipfeletage und hat häufig im Keller zu tun.

Es umstellt sich, wer kann, mit vor sich hin schnorchelnden Klimaanlagen, die vorn kalte Luft ablassen und hinten heiße rausblasen, die mit weiteren Klimaanlagen gekühlt wird. Am besten werden sieben oder acht solcher Ungetüme im Kreis aufgebaut, um sich gegenseitig anzupusten. Das sind Notmaßnahmen.

Die Mietpartei bewohnt ihre Wohnung ausschließlich von 22 Uhr bis 5 Uhr und erledigt in dieser Zeit das, was in einer Wohnung zu erledigen ist. Blumengießen zählt unter Garantie nicht mehr dazu. Es empfiehlt sich ein ausgedehnter Sommerurlaub von Mai bis Oktober – auf nach Island! Hu!

Dauerhaft hilft nur eins: Die Oberschicht geht in die Tiefe.

In die Erdgeschosswohnungen und ins Souterrain. Bitte nicht lachen, wie der Makler »Souterrain« ausspricht! Dafür sind Souterrain-Wohnungen viel zu rar, als dass man durch Gekicher seine Mietchancen aufs Spiel setzen sollte.

Deshalb kostet das, wo die Waschküche oder der Kohlenkeller war, inzwischen schlappe 20 Euro – im Gegensatz zu den 4,50 unterm Dach. Schließlich ist es unten angenehm frisch. Jeder will Kellerkind sein. Als Clou gelten Loftwohnungen unter Tage – umgebaute Tiefgaragen, Röhren unter der Innenstadt, umspült von sieben Grad kaltem Grundwasser.

So wird das Überleben leicht gemacht – als Kellerassel. Von der Assel lernen, heißt siegen lernen!

Heißes Eisen (2): Die Flüsse

Wer kann sich erinnern? An rauschende Flüsse und murmelnde Bächlein? So ist es überliefert. Mit Fischlein darin, die mit großen Augen dem Angler neugierig entgegenstarrten. Mit gebastelten Flößen darauf, die bei erstbester Gelegenheit untergingen, hängen blieben oder auf Nimmerwiedersehen davonschipperten. Und mit klarem Wasser – man konnte bis auf den Grund gucken. Wie schön!

Dann gab es Zeiten, als wirklich alles im Fluss war. In meiner Kindheit in Lutherstadt Wittenberg schäumte die Elbe mal grün, mal gelb – die Chemie stimmte. Wolfen hatte den Silbersee. Warf man da Filme hinein, kamen die entwickelt wieder heraus. Das war wohl der Tiefpunkt für Bach, Fluss und See.

Nach der DDR-Zeit wurde es besser. Die Flüsse froren im Winter zu, weil das Salz fehlte. Der pH-Wert war plötzlich etwas wert, Elbebadetage wurden eingeführt. Dessau etwa ging baden, und die Fische schwammen endlich richtig herum – mit den Bäuchen nach unten, wie es sich gehört. Zur Flut im August 2002 sogar in den Straßen zwischen den Häusern.

Von unseren Großeltern lernten wir Merksätze wie:

Isar, Iller, Lech und Inn
fließen zu der Donau hin.

Ich weiß, der Donau-Spruch ist länger, regelrecht uferlos, und enthält eine rechte und eine linke Flussseite. Mehr als die zitierten Zeilen konnte ich mir nie merken. Ich schmiede lieber eigene Verse. Zur Dampferfahrt hin und zurück passt:

Wir fuhren auf der Elbe
und sahen zweimal dasselbe.

Fällt die Dampferfahrt aufgrund von Niedrigwasser aus, spendet der folgende Zweizeiler Trost:

Elbe, Saale, Muldefluss
ha'm Wasser nur nach Regenguss.

Wenn in Dresden in diesen Tagen ein Schaufelraddampfer von der Altstadt wegtuckern will, müssen erst tschechische Talsperren Wasser in die Elbe pumpen, damit der Pegel ein maritimes Schaufelgeschnaufel erlaubt. Benötigen die Tschechen ihr Wasser für sich, um etwa das Bier damit zu verdünnen, ist Schluss mit dem Geschipper.

Der Wasserstand sinkt, die Elbe trocknet aus. Findige Kanuten, die rechtzeitig auf Mountainbikes wechseln, werden sie befahren. So lässt sich der Begriff »Wasserstraße« wörtlich nehmen. Die Elbe wäre ein überbreiter Feldweg und ließe sich trockenen Fußes queren. Am besten unter der Waldschlösschenbrücke mit ihrem riesigen Schatten in der sengenden Hitze.

Der Verlust der Flüsse führt zu deutlichen Einschnitten. Allein bei der Namensgebung. Was wird aus der Oder-Neiße-Friedensgrenze? Halle wäre nicht mehr Saalestadt, sondern nur noch Stadt, Saalfeld nur noch Feld, Spreewald nur noch Wald. Und Dresden statt Elbflorenz ein normales Florenz!

Doch wenn die gesamte Flotte der Schaufelrad-Dampfer auf der letzten Welle nach Hamburg gedampft und dort in den Werften umgerüstet ist, besteht Hoffnung. Nicht umsonst arbeiten diese Dampfer mit einem Schaufelrad! Wo die Elbe ins Meer mündet, beginnt ihr großes Werk. Sie schaufeln, was der Dampf hergibt. Sie graben den Fluss tiefer und tiefer, bis die Nordsee in die Elbe hineinläuft – und die Elbe mindestens bis Dresden auffüllt.

Wer optimistisch den Anstieg des Meeresspiegels mit einrechnet, wird bald auf der Brühlschen Terrasse frisch gefangene Krabben pulen. Im Bärenzwinger tummeln sich die Seebären, im Kaffee schwimmen Wattwürmer, und echter Küstennebel legt sich über die Semperoper. Die Niedersachsen schwärmen über Sachsen aus. Der Norden ist da. Es wird platt gemacht und Platt geredet. Bereiten wir uns gut darauf vor, indem wir den Gruß der Zukunft üben: »Moin, Moin!«

Schöner Trinken

Geblitzt im Mai 2014

Fasziniert beobachte ich eine besondere Form des Biertrinkens: Zuerst stößt die bierselige Runde mit den Flaschen oder Gläsern an, dann hauen die Beteiligten ihre Gefäße heftig auf den Tisch – und erst danach wird getrunken. Was bedeutet das?

Vermutlich wurde dieser eigenartige Brauch ursprünglich in Bayern gepflegt, wo der Bayer zünftig herumprostete und den Maßkrug auf den Tisch donnerte, bevor er ihn hochstemmte und in einem Zug leerte. Ebenfalls vermutlich stammt das aus Zeiten, in denen die Tische in den Wirtshäusern grob zusammengezimmert waren. Mit dem brutalen Aufstauchen der Maßkrüge trieb man herausstehende Splitter und allzu neugierige Holzwürmer zurück ins Holz: »Grüß Gott!« Hatte einer der Bergbauern den Daumen drunter, brüllte er: »Oaoauaoa' zoapft is!«

Eine weitere historische Überlieferung besagt, dass Bier aus Zinnkrügen getrunken wurde und die Biertrinker mit diesem kurzen Aufstoßen auf dem Tisch die Krüge erdeten, sodass der Blitz nicht in sie einschlug. Es wollte nicht jeder wie Luther Blitzableiter spielen und anschließend den Mitmenschen erleuchtet auf den Keks gehen.

Ich finde, das klingt sehr überzeugend – bestimmt, weil ich es mir selbst ausgedacht habe. Trinkfreudigen Freunden erscheint diese Theorie reichlich unwahrscheinlich. Sie wissen es besser.

Hartmuts Erklärung lautet: Die Maßkrüge sind so schwer, da muss man sie erst mal absetzen, wenn man in der Runde angestoßen hat. Hartmut ist ein praktischer Mann des Handwerks. Er backt Brot, das manchmal außen etwas hart ist, er ist eben kein Weichmut.

Nachbar Jo disqualifiziert sich sofort – er steuert zu diesem interessanten Thema nur bei: »Zur Titte, zur Mitte, zum Sack, zack, zack!« Das bringt gar nichts. Und ist bei Jo ohnehin alles eins. Schwamm drüber!

Gastronom Thomas meint, durch das kurze Aufknallen der Pullen und Krüge auf dem Tisch werden jene Trinker aufgeweckt, die bereits eingenickt sind. Nicht schlecht – und im Sinne der Gruppendynamik!

Ebenso wie die putzige Deutung, die Lutz aus Erfurt-Nord parat hat: Durch das Aufstoßen der Flaschen oder Gläser entsteht wieder Schaum – also eine feine Bierkrone. Nur nicht bei »Braugold«, fügt Lutz geknickt hinzu, das bei ihm wegen der Gemütsstimmung zu »Graugold« wird.

Ihr entscheidet, was ihr auf den Tisch knallt oder nicht! Vorbei sind die Zeiten, in denen galt: »Es wird gegessen, was auf den Tisch kommt!« Fünf Bier sind eine Mahlzeit! Und dazu hat man noch nichts getrunken! Also rein in die Wampe!

Oder wie Weizen-Waldi Hartmann sagt: »Warum soll ich mich mit einem Sixpack begnügen, wenn ich das ganze Fass haben kann?«

Kaffee auf Rädern

Geblitzt im Juli 2015

Da standen wir an einer wichtigen Erfurter Kreuzung, dem »Kaffeetrichter«. Vor uns an der Ampel wartete ein Opel mit dem Schriftzug »Mokka Turbo«. Während ich mich darüber freute, wie sehr das Modell zum »Kaffeetrichter« passte, wies mich meine Beifahrerin Brenda auf die Farbe des Opels hin. Zugegeben, es war ein Kackbraun, weshalb Brenda bei »Mokka Turbo« auf einen schlimmen Durchfall kam, der flüssig bis zu den Hacken reicht. Sie beschrieb ihn sogleich ausführlich und nannte Bekannte, die heftig an »Mokka Turbo« gelitten hätten. Details möchte ich euch und diesen Bekannten ersparen.

Ich schluckte und verteidigte meinen Opel-Kaffee-Vergleich. Mir fiel Insignia ein. Das hörte sich nach einer teuren Espressomaschine an. Worauf Brenda konterte: »Ja, und Corsa nach einer Nespresso-Kapsel. Und weißt du was? Der sieht genauso aus!«

Zuhause angekommen prüfte ich alle Opel-Modelle auf ihre Kaffee-Verträglichkeit. Da passte vieles wie die Kapsel in die Maschine – ob in die, für die George Clooney wirbt, oder in die der Konkurrenz. Nehmen wir nur Meriva (ungestüm wie Merida), Cascara (sehr plätscherfreudig) oder Combo (vermutlich mit Schokolade). Sogar die Namen der opeligen Lieferwagen Movano und Vivaro klangen edel und nach gediegenem Sonntagnachmittag mit Kaffeegenuss.

Ich geriet ins Stocken. Wieso tragen deutsche Automodelle solche Namen? Warum nicht »Marta«, »Horst« oder »Hildegard«? Das erinnerte mich an früher, als Autos Gesichter von Menschen für mich hatten. Das war in der ersten Klasse: Ein Moskwitsch sah aus wie meine Hortnerin Frau Metzki, und ein Barkas wie meine Lehrerin Frau Peters.

So abwegig ist das nicht. Spätestens seit dem Film »Cars« wissen sogar Suhler Jugendliche, dass Autos nicht nur Gesichter haben, sondern mitunter sprechen. Deshalb lauschen diese Jugendlichen oft an den Motorhauben ihrer Fahrzeuge – in den Pausen vor der Großraumdisko.

Opel hat inzwischen erkannt, dass der Kaffee-Absatz sinkt, und kreiert eine nette Modell-Palette – voller Nostalgie. Mit dem Opel Adam und dem Opel Karl ist ein Anfang gemacht. Die fahren bereits herum, und ein Eisenacher Freund träumt von einem Wagen für rüstige Rentnerinnen: dem Opel Waltraud mit nur 35 PS.

So prescht Opel vor. Echte Vornamen sind angesagt. Jugendliche vom Lande stehen auf sportliche Ausführungen – sie würden sofort den Opel Kevin, Opel Justin oder Opel Jennifer leasen. Oder von ihren Eltern leasen lassen.

Dahin geht der Trend. Diese lächerliche Kaffee-Kapsel-Benennung hat ihren Zenit überschritten. Am Ende wären wohl Opel Latte und Opel Muckefuck vom Band gelaufen.

Autokenner Kudernatsch mit seinen Lieblingsmodellen.

Bevor die Kaffee-Linie verschwindet, sollten wir innehalten. Sie war nicht schlecht, sie hatte ihre Zeit. Deshalb folgt ein Kaffee-Satz: Stellt den Ampera-Schalter an, sodass die Insignia-Maschine gurgelt und die dunkeläugige Zafira (vermutlich die kleine Schwester des Sarotti-Mohrs) die edlen Vivaro-Tässchen hereinträgt, um anschließend Cascara-artig den Mokka Turbo einzugießen.

Trinkt nicht zu viel davon, der haut durch. Dann wird wahr, was Brenda dazu eingefallen ist und was ich euch bis zum Schluss erspart habe!

Diesel ist Super

Geblitzt im Oktober 2015

Helau! Die närrische Zeit beginnt am 11.11. um 11 Uhr 11. Jeder darf sich danebenbenehmen und an Straßenbahnhaltestellen, an Kneipen und an Rathäuser pinkeln, Menschen mit Bonbons bewerfen oder zwei Uhr morgens mitten im Festland Seemannslieder von Santiano grölen.

Das wird wie Oktoberfest, nur ohne Oktober. Wer möchte, kann sein blau-weiß-kariertes Leibchen vom Oktoberfest gleich anbehalten und zum Fasching als Tischdecke gehen.

Damit kommen wir zu den beliebtesten Kostümen der Saison. Das sind weder Indianer noch Hexe. Langweilig! Ebensowenig Pirat oder Prinzessin. Gähn! Erst recht nicht Vampir oder Zombie. Schnarch! Darüber erschreckt sich seit »Walking Dead« niemand mehr. Da müsste schon ein Bodo Ramelow zu Halloween an der Haustür klingeln und sich zum Abendessen einladen. Das wäre gruselig. Was serviert man da? Rotwurst!

Originelle Kostüme braucht das Land. Wie wäre es mit einer Panda-Maske? Über den Kopf stülpen und harmlose Liedchen über Mädchen und Jungen singen – so wird man für Cro gehalten.

Wer meint: »Ich kann nicht singen. Und ehrlich – ich kann eigentlich gar nichts.« – dem hilft das nächste Outfit auf die Sprünge. Es ist die »Dumpfbacke«. »Dumpfbacke« ist kinderleicht umzusetzen: Zähne nicht putzen, Zähne fletschen, ein bekleckertes T-Shirt mit »Pegida«-Schriftzug anziehen (möglichst mit Schreibfehler in »Pegida«) und eine halbvolle Bierpulle schwenken. Dazu stumpfsinnig gucken und »Höcke-Höcke!« blöken.

Wem das zu aggressiv ist, dem sei das Kostüm »Harmloser Rentner« empfohlen. Dafür stellt man sich irgendwo mitten in den Weg und bewegt sich möglichst nicht. Vorher kleidet man sich bitte beige ein! Beige is beautiful! Fortgeschrittene sprechen vom »Geriatrie-Beige«! Wobei mich das irgendwie an den Kindergarten erinnert, wo es in der großen Gruppe vor dem Fasching hieß: »Geh' als Streichholz!«

»Wie denn das?«

»Na ganz nackig – einen roten Kopf kriegst du von alleine!«

Es hat nie jemand gewagt.

Einmal trug ich im Kindergarten ein viel schlimmeres Kostüm – meine Mutter ließ mich als Rotkäppchen antreten. Die Kinder lachten sich schlapp, und bis heute leide ich unter den Spätfolgen und sehe Rot bei Rot und kappe die Drähte bei Käppchen.

Diesmal werde ich mich als VW-Manager verkleiden. Dafür zwänge ich mich in meinen Jugendweihe-Anzug und erzähle Unsinn. Sowas wie: »Diesel ist Super!« Oder ich sage gar nichts. Das ist authentisch.

Ab und zu huste ich in ein weißes Tuch und zeige den Leuten, wie schneeweiß es bleibt. Ich scharwenzele herum, und wer mag, darf ebenfalls in dieses Tuch husten und sich damit den Mund abwischen. Niemand steckt sich mit Grippe an. Falls doch, bin ich weit weg.

So macht man das. So darf man das. Zum Fasching!

Wieder daheim

Das Beste für Brenda

Geblitzt im Februar 2014

Oh Gott, was schenke ich meiner Liebsten zum Internationalen Frauentag am 8. März? Eine rote Fahne? Der Tag soll ein bisschen kämpferisch sein.

Ich habe eine rote Tischdecke, die wir gern zu Weihnachten auflegen. Aus der müsste ich erst die Rentiere und Schneeflocken herausschneiden, um ein reines Rot zu bekommen. Aber was wird Brenda mit der roten Fahne anstellen? Sie wird sie nirgends aufhängen – und bestenfalls als Tischdecke benutzen, vielleicht zu Weihnachten. Da kann ich mir die Bastelei sparen.

Ich überlege: Frauen trinken zum Frauentag literweise Eierlikör. Brenda mag Eierlikör – diese eine Sorte, die ihr eine Freundin direkt vom Bauernhof besorgt. Diesen speziellen Eier-

Ein romantisches Abendessen kommt immer gut an.

likör kann man auch auf der Erfurter Krämerbrücke kaufen. Die Flaschen da sind kleiner und kosten das Doppelte. Das weiß Brenda, und sie hasst Abzocke. Keine Chance!

Der Frauentag ist ein besonderer Tag. Es könnte etwas Besonderes geschehen. Normalerweise ärgere ich mich sehr, wenn Brenda Blumentöpfe, unter denen sich Pfützen bilden, oder Kerzen, die tropfen, auf die schönen Boxen der Stereo-Anlage stellt. Frauen ziehen so etwas völlig furchtlos durch. Zum Frauentag stelle ich selbst gleich mehrere Zimmerpflanzen auf die Boxen, ganz viele Teelichter und den Abwasch aus der Küche. Das schindet Eindruck bei Brenda, weil ich damit über meinen Schatten springe.

Auf keinen Fall überrasche ich sie mit der aktuellen Robbie-Williams-CD. Da würde sie ständig verzückt das CD-Cover angucken. Robbie Williams ist darauf abgebildet – ich wäre abgeschrieben. Und das zum Frauentag, zu dem durchaus ein schöner Frau-und-Mann-Abend gehören kann!

Da bleibt mir nur die Idee, die ich vor kurzem beim Friseur hatte. Den sucht Brenda zweimal im Jahr auf. Sie lässt nämlich ihre wunderbaren Haare wunderbar lang wachsen.

Ich habe die Friseurinnen gebeten, Brenda beim nächsten Mal deutlich mehr Haare abzuschneiden, sie zu sammeln und mir auszuhändigen. Ich könnte daraus eine Weste stricken oder eine Fellmütze, um sie Brenda feierlich zu überreichen.

Seit dieser Bitte gucken die Friseurinnen komisch, wenn ich draußen am Laden vorbeiflaniere. Sie drohen mit dem Besen, und ich beschleunige meinen Schritt. Das Stricken kann ich vergessen.

Ich hab's! Ich schreibe einfach auf, was ich Brenda schenken möchte. Die Liste zeige ich ihr. So sieht sie, wie sehr ich an sie gedacht habe. Das ist wahre Liebe. Das erkennt sie bestimmt – und die Freude wird groß sein.

Nie zu spät für Diät!

Geblitzt im März 2015

Die »Almased«-Frau, die im Bikini lächelnd am Meer langjoggt, während neben ihr ein fetter Hund hechelt, kann ich gar nicht leiden. Sie hat meine Frau so sehr beeindruckt, dass wir auch eine »Almased«-Diät machen. Das Argument, dass ich ihr bereits ohne verrührtes Pülverchen hinterherhechle, lässt meine Frau nicht gelten. Also trinken wir mutig gelbes Wasser, das sandig schmeckt und einen öligen Abgang hat. Wie das Wasser aus dem Erfurter Flutgraben, in den ein Typ mit Nierensteinen hineingepinkelt hat. Das weiß ich nicht genau, das habe ich noch nicht gekostet.

Bald jogge ich gertenschlank am Erfurter Nordstrand entlang – und vollbusige Blondinen vom Roten Berg werden mir nachsehen und sich ärgern, dass sie nicht so schnell rennen können wie ich. So drücke ich das jetzt aus, weil meine Frau keine falschen Vorstellungen von meinen Vorstellungen bekommen soll, was den Roten Berg und seine Anwohnerinnen betrifft. Sonst erhalte ich auch nach Ostern keine feste Nahrung – und nur »Alma«. »Alma« nennt meine Frau liebevoll die Drinks, die wir täglich zu uns nehmen.

Dabei habe ich ihr eine schöne Bananen-Diät vorgeschlagen. Die kenne ich aus DDR-Zeiten: Da darf man alles essen, nur keine Bananen. Davon hält meine Frau nichts. Stattdessen hat sie mir aus dem Yogastudio einen Fastenvertrag mitgebracht. Darauf kann man sich aussuchen, auf was man verzichten möchte, den genauen Umfang formulieren und das Ganze unterschreiben. Und eintüten und an den Weihnachtsmann schicken oder sich daheim an den Spiegel klemmen – das steht da leider nicht. Doch wer schließt einen Vertrag mit sich selbst ab?

David Groß, der vielbeachtete Trommler der Andreas-Max-Martin-Band aus Weimar, hat die Bananen-Diät übrigens höchst professionell in eine Thüringer Steak-Diät umgewandelt, in der nur Steaks erlaubt sind. Ganz im Sinne von Heinz Strunk:

»Fleisch ist mein Gemüse.« Beatmaschine David sieht in diesen Diätphasen sehr gesund aus – sozusagen wie ein »Beatsteak«, obwohl er gar nicht bei den »Beatsteaks« spielt.

Mein Kumpel Jo hat am Aschermittwoch eine anspruchsvollere Diät begonnen: die »FDH-Diät« – so bezeichnet sie meine Frau. Das steht für »Friss die Hälfte«. Seitdem trinkt Jo nur einen halben Kasten Bier am Abend, orakelt meine Frau aus Spaß. Häufig bekommt Jo durch diese harte Diät zu fortgeschrittener Stunde nochmal Hunger, sodass aus »FDH« mehr und mehr »FDAHS« wird: »Friss die andere Hälfte später«.

Diese Diät wäre etwas für mich. Oder die Diät eines Thüringer Landtagsabgeordneten. Derartige Diäten sind die einzigen, bei denen man zulegt.

Leider fällt mir das erst jetzt ein. Ich werde zur nächsten Wahl, bei der wieder kaum einer wählen geht, in die Politik einsteigen. Nach der Auszählung erhebe ich mich nahezu ohne Wählerstimmen zum Ministerpräsidenten und setze erst mal eine außerplanmäßige Diätenerhöhung durch.

Dafür bräuchte ich keinen fetten Hund an meiner Seite wie die »Almased«-Frau. Da hätte ich genügend Lakaien, die alles erledigen, was ich sage, und die ihr Herrchen ablecken würden. Bei denen müsste ich nicht einmal die Scheiße-Häufchen einsammeln. Darauf einen »Alma«-Shake und Jos halben »FDH«-Kasten!

Eine Diät ist kein Zuckerschlecken.

Platten waschen

Mein Nachbar Jo ist Ingenieur. Solche Leute sind verrückt nach technischen Geräten. Im Unterschied zu uns Normalsterblichen bedienen sie diese fehlerfrei! Darüber kann ich staunen, wenn ich Jo besuche.

Gerade hat er eine Plattenwaschmaschine erworben. Die ist aus Plastik – und damit keine echte Technik, finde ich und winke ab. In meiner Vorstellung ist Technik aus Metall. Zumindest haben Drähte dran zu sein. Ich solle den Mund halten, blafft Jo, sonst könne ich gleich verduften und er würde mir die Plattenwaschmaschine nicht vorführen.

Ich frage ihn lieber nicht, ob er den Platten nach dem Waschen die Fußnägel schneidet und die Haare föhnt.

Nein, ich bin äußerlich ruhig. In mir rumort es, weil diese Errungenschaft nicht wie eine Maschine und erst recht nicht wie eine Waschmaschine aussieht. Eher wie kunstvoll ineinander geschichtete Tupperschalen – wie sie bei uns im untersten Küchenfach liegen. Zum großen Bedauern meiner Frau kann ich sie nicht so gut stapeln, weshalb das Fach meistens offen stehen bleibt. Meine Frau schimpft darüber und bezweifelt, dass ich im Kindergarten aufgepasst habe, als das mit den Bausteinen und den Türmchen aus den Förmchen an der Reihe war.

Flugs baut Jo die Teile auseinander und steckt sie nach Plan zusammen. Daraus ergibt sich eine hochkant stehende Brotschneidemaschine, aber ohne Säge. Stattdessen wird das Sägeblatt durch eine Schallplatte ersetzt. Zuvor wird unten in die Plattenwaschmaschine die Original-Plattenwaschmaschinenreinigungsflüssigkeit eingefüllt. Endlich geht es los. Der Jo kurbelt die Platte einmal durch – anschließend trocknet sie.

Ich nehme an, dass etwas Seife zum Putzen in der Flüssigkeit ist, und stelle mir vor, wie kleine Seifenblasen beim nächsten Abspielen vom Plattenteller aufsteigen, weil der Jo die Musik weichgespült hat.

Eigentlich hätte jede Platte ihren eigenen Weichspüler verdient, dass sie so duftet, wie es zu ihr passt. Helene Fischer etwa nach frischem Apfel, die Rolling Stones nach Bier und Erbrochenem, die Weihnachtsplatte von Götz Alsmann nach Tannennadeln. »Helene Fischer gibt's nicht auf Platte!«, unterbricht mich Jo und verdreht die Augen.

Als Ingenieur könnte er diese Technik verfeinern und höchst individuell Platten waschen. Am Geruch erkennt er sie fortan – und wir melden ihn an, wird erstmal »Wetten, dass ...?« wieder gesendet – mit Jan Böhmermann als Moderator.

Unser Kandidat kann mit verbundenen Augen an Schallplatten riechen und den Interpreten sagen. »Hm, Apfel ... das wird Helene Fischer sein!« »Ah, Herbstlaub ... Andrea Berg!« »Oh, frische Erde ... ich tippe auf Prince!« Jo knackt zehn Stars in 20 Sekunden!

»Hab' ich dir eben gesagt: Helene Fischer gibt's nicht auf Platte!«, wiederholt sich Jo und verdreht nochmal die Augen.

Auch ohne die fromme Helene hat er viel zu waschen. Bei Ebay hat er 40 LPs ersteigert – ohne zu wissen, was da zusammengestellt wurde.

Dadurch besitzt er Scheiben von Esther und Abi Ofarim von 1967, wobei Ofarim für »Rehkitz« steht und deshalb sehr behutsam von Jo durch die Plattenwaschmaschine geleiert wird.

Die Les Humphries Singers mit Jürgen Drews kurbelt er heftig durch – die findet er robuster, ebenso Gordon Lightfoot von 1973.

Nur die 1980er wäscht Jo generell nicht. Die mag er nicht, was ich durchaus nachvollziehen kann, denn er hat »Living in a box« von Living in a box und »Verliebte Jungs« von Purple Schulz im Paket ergattert.

Während Jo eine Scheibe nach der anderen wäscht, hat längst das große CD-Sterben begonnen. CDs, die 30 Jahre alt sind, beginnen zu knacken, oder der CD-Player erkennt sie nicht mehr. Jo weiß das, darum schwört er auf Platten. Die sind für immer – und mit der Plattenwaschmaschine sogar für länger als für immer.

Mit dem Preisgeld von »Wetten, dass …? Die Comeback-Show« kann Jo sich weitere Platten und Plattenwaschmaschinen kaufen. Dann übernehme ich eine Kurbel-Schicht – und die Nachbarn und ihre Bekannten steigen ein! Wir bewahren das musikalische Erbe der Menschheit für die Ewigkeit.

Ihr wisst nun, bei wem ihr euch bedanken dürft. Wir retten die Musik! Nur Helene Fischer nicht. »Hör' endlich auf, du nervst! Die gibt's nicht auf Platte!«, meckert Jo. Ihm reicht es, ich breche auf. Sonst schmeißt er seine Plattenwaschmaschine nach mir – und die großen Träume platzen.

Zuhause gucke ich nach: Natürlich gibt es Helene Fischer auf Vinyl. Ich freue mich. Dadurch habe ich ein Super-Geburtstagsgeschenk für Jo! Wenn die Helene erstmal sein ist, wird er sie tüchtig bürsten! Apfelduft lege ich noch drauf.

Der neue Job

Meldet sich eine Schnecke bei der Arbeitsagentur. Sagt der Vermittler: »Für Sie hätte ich einen Job bei der Post!« Bei mir ist das leider nicht so leicht. Ich bin darum sehr neidisch auf die Schnecke. Bei mir taucht nämlich das Wörtchen »Wenn« auf. Wenn das Wörtchen »Wenn« nicht wär', wär' ich bei der Feuerwehr. Eben nur wenn – wenn ich eine Spitzen-Spritzen-Ausbildung hätte, dann, und nur dann, wäre ich bei der Feuerwehr. Das weiß der Herr Berater natürlich. Darum berät er mich behutsam. Er kennt sich aus und kann einschätzen, dass ich zum Beispiel nicht Archäologe werden möchte. Will ich nicht, weil als Archäologe steht man mit einem Bein im Grab. Fahrlehrer wäre erst recht nichts für mich. Dafür bin ich zu ungeduldig. Ich würde bei der Fahrschule höchstens Crashkurse anbieten.

Mein Kumpel Andreas wollte als Kind zuerst Russe werden. Seine Eltern waren sehr unglücklich und redeten es ihm aus. Sein nächster Berufswunsch war Schneemann. Er ist es nie geworden. Heute schlägt er sich als Pianist durch und spielt verdächtig oft »Frosty the Snowman« auf russische Art und Weise. Das ist mir zu verkorkst!

Ich habe mich online bei verschiedenen Job-Börsen angemeldet. Manchmal war ich aber zu faul, alle Häkchen zu setzen und alle Fenster auszufüllen. So werde ich jetzt wöchentlich angemailt: »Liebe Frau Blablabla! Sie interessieren sich für Bladibla?« Leider hat sich daraus noch nichts ergeben. Da hätte sich Frau Blablabla besser für Pipapo interessiert.

Andere Plattformen laufen besser. Da finde ich manchmal etwas. Ich bewerbe mich schön freiwillig und bringe dem Herrn Berater die Kopien mit, die ich extra für ihn angefertigt habe. Da steht drin: Wie ich beim Naturschutzbund arbeiten will – und mich sehe, wie ich in einem SUV durch den Wald walze und Eichhörnchen durchnummeriere. Wie ich mir vorstelle, in der Landesregierung einzusteigen – und es in Kürze zum Minister bringe – von mir aus für Naturschutz. Um mit einem SUV durch den Wald zu walzen und Eichhörnchen nach dem Alphabet zu benennen, also Ahörnchen und Behörnchen. Oder wie ich bei einer Krankenkasse anfange und sie rette, weil ich für Naturheilkunde bin und für Naturschutz gleich mit und damit logischerweise für Tiermedizin. Wobei es wichtig ist, mit dem SUV durch den Wald zu walzen und Eichhörnchen zu katalogisieren von A bis Z, also von Anton 1, 2, 3 bis Zylinder 4, 5, 6.

Ich hätte tatsächlich solches Zeug in meinen Bewerbungen schreiben können. Der Herr Berater will meine Kopien nie haben. Er guckt nicht einmal drauf. Er glaubt mir ohne den Schriftkram. Schriftkram ist was für das Anmeldezentrum, die Eingangszone und den Leistungsbereich. Damit hat der Berater nichts zu tun, er beschäftigt sich nur mit mir. Ein Jahr lang, das hat er angesagt, dann lande ich im Jobcenter. Dann kann er mir nicht mehr helfen.

Bis dahin hilft er mir in erster Linie, indem er nett ist und eigentlich nichts will und höflich nickt. Das finde ich super.

Gerade habe ich es beim Bauernverband probiert. Dort muss man sich lang und ausgiebig um die Bäuerinnen kümmern und ab und zu ein Bäuerchen machen. Natürlich beim Bauernfrühstück – wo sonst?

Vermutlich ist das abgefrühstückt. Dem Bauernverband fehlt das Geld dafür. Früher, so stelle ich mir das vor, wurden zum Frühstück schöne Mettbrötchen gereicht – nicht an jedem Tag der Woche, aber am Mettwoch. Mit Zwiebeln drauf, damit man anschließend ganz unter sich war. Herrlich!

Da diese rosigen Zeiten vorbei sind, wird es nichts mit dem Bauernverband. Obwohl ich mir extra Gummistiefel gekauft habe. Nein, ich bin ehrlich, die hatte ich mir bereits für den Naturschutzbund zugelegt, um mit ihnen in den SUV zu steigen und zu den Eichhörnchen zu fahren.

Das erzähle ich dem Herrn Berater nicht. Ich verrate nur den ersten Satz: »Gerade habe ich es beim Bauernverband probiert.« Er findet das gut und klappert auf der Computer-Tastatur herum. Der Herr Berater schaut auf den Bildschirm und kratzt sich am Kopf. Anschließend guckt er mich freundlich an. »Machen Sie sich selbstständig! Ich sehe Sie als Autor«, schlägt der Herr Berater vor. Scheinbar sehe ich so aus, scheinbar gucke ich so. Genau, was guckst du wie ein Autor? Na klar schreibt man sein Zeug selbstständig, sonst wäre es geklaut – eo-eo – »Das ist alles gar nicht meine, eo!«, wie die Prinzen gesungen haben. Eo!

Wer sich selbstständig macht, wird von der Arbeitsagentur gefördert. Ich glaube, dafür legt man einen Plan vor, der überzeugt. Also: Wie wäre es mit einem Autor für Holzbrettchen?

Ich biete mich mit folgender Dienstleistung an, für die ich Lötkolben und Holzabfälle benötige: Ich brenne Sprüche in Holz – und die Brettchen kann man sich hinstellen, hinhängen oder Leuten schenken, die man nicht leiden kann.

Für Kneipen brenne ich: »Happy Hour – zum halben Preis voll sein!« Oder: »Warmes Bier und kaltes Essen? – Könn'se alles selber fressen!«

Sogar damit kann man sich selbstständig machen.

Für Büros: »Freitags um Vier – nur Idioten sind hier!« Und: »Weit oben ist man tief gesunken!«

Für maritime Souvenir-Shops: »Der Atlantik ist nicht das Mittelmeer.«

Für Fahrradläden habe ich »Gutes Rad ist teuer« im Angebot – und für die Schlafzimmer von Paaren, die schon ewig verheiratet sind: »Fällt aus wegen is' nicht!« Die Begründung liefere ich gleich mit: »Jeden Tag ein Kilo mehr – da wird die Liebe wirklich schwer.«

Zusätzlich kreiere ich für die Küche der beiden: »Viele Köche verderben den Brei, das gilt sogar bei Spiegelei!«

Für Trauerhallen biete ich das passende Brett für den Brennofen: »Sie haben Ihr Ziel erreicht!«

Der Kracher kommt zu Weihnachten mit: »Silent Night – ab 11 bin ich breit!«

Wow, das sprudelt richtig. Ich sehe das Geschäft meines Lebens vor mir und habe der Arbeitsagentur so viel zu verdanken. Es fehlen nur der Lötkolben, die Brettchen und eine leserliche Schrift.

Die brauche ich gar nicht. Ich werde eine private Kinderbetreuung ins Leben rufen und ein paar Schönschreibe-Grundschüler nach der Schule für mich arbeiten lassen. Mensch, das ist schon der nächste Einfall!

Mein Termin beim Herrn Berater ist um – und ich bin restlos begeistert. Ich verabschiede mich ausgiebig von ihm. Bestimmt sehen wir uns nie wieder. Aus Verbundenheit werde ich ihm demnächst einen Gruß aus Holz senden: »Läuft wie an der Schnur: Arbeitsagentur!«

Poser im »Moser«

Geblitzt im Juli 2013

Ich glaube, nur in Erfurt findet man Kneipen, in denen man mit über 40 der Jüngste ist.

Im »Moser« ist es so schön. Hier kann ich mich wie das Küken fühlen oder das Nesthäkchen, der Nachzügler, der kleine Bruder, der Backfisch, das fünfte Rad am Wagen, oder wie der, den jemand mitschleppt, weil er allein nicht ausgegangen wäre. Bei mir war's Nachbar Jo, der mir in seinem 60. Lebensjahr endlich seine Lieblingskneipe vorstellen wollte.

Die Frauen, die auf den Barhockern saßen, die Männer, die sich vor den Barhockern aufplusterten, und die Barhocker, um die das Leben pulsierte, waren garantiert schon hier, als das Haus gebaut wurde – um sie herum. »Camp David«-Klamotten mit viel zu großen sinnlosen Buchstaben- und Zahlenkombinationen sollten das kaschieren. Kleiner Tipp: Das nützt nichts, denn hat der Betrachter die hohlen Inschriften durchgelesen, guckt er den Leuten doch wieder ins Gesicht. Das lügt nicht wie gedruckt, das ist ja nicht bedruckt.

Dennoch hat sich zwischen Männlein und Weiblein in stickigen Räumen nichts geändert. Alterslos wurde gebalzt, gebaggert, getatscht, getratscht, gepost und geprostet. Wer laut »Silke« rief, bekam ein Bier hingestellt. Das passiert mir daheim nicht. Das liegt daran, dass meine Frau nicht »Silke« heißt.

Im »Moser« kehrte an diesem Abend die Prominenz vergangener Zeiten ein. Einen Mann nannten die Eingeweihten ehrfurchtsvoll den »dummen Cäsar«. Keine Ahnung, wie er es von Rom nach Erfurt geschafft hatte. Dumm ist das nicht. Wir riefen: »Silke!«

Die Live-Band konnte man kaum von der Wandtapete unterscheiden. Sie war lauter als die Tapete und coverte Clueso ebenso wie die Stones. Das war egal. Die Gespräche übertönten die Musik, sie störte nicht. Die Sicht wurde schlechter, weil es rammelvoll war. Das ist die Mission solcher Orte: Voll sein und rammeln.

Jo erklärte, dass früher manch junger Mann bei derartigen Gelegenheiten eine »Tanzmöhre« in der Hosentasche mitführte. Bei Engtanzrunden konnte der Möhrenmann damit die Mädels in der DDR beeindrucken. Wir hatten damals nichts, da war es nett vom möglichen Partner fürs Leben, gleich bei der ersten Begegnung an frisches Gemüse zu denken. Jo konnte freilich stets möhrenlos überzeugen.

Im »Moser« wäre die Möhre an diesem Abend ohne Tanz spürbar gewesen. Wir standen eng verkeilt beisammen – und wehe, man hatte den Arm mit dem Bierglas gesenkt: Er wurde eingequetscht und blieb dort unten. Das Bier war verloren.

Ich unterhielt mich gezwungenermaßen eine Stunde lang mit einem Ehepaar aus Lauscha, das neben mir eingeklemmt war. Ich verstand kein Wort. Aber ich erinnerte mich, dass in Lauscha das Glasauge erfunden worden war. Als die Lauschaer ausnahmsweise das Aufmalen der Pupille vergaßen, hatten sie die erste Weihnachtsbaumkugel kreiert. Das war das Thema unseres Gesprächs. Das Wort »Silke« fiel mehrmals.

Wie ich meine Zeitreise beendet habe, ist mir entfallen. Ich weiß noch, ich habe »Silke« gerufen, nicht »Ulf« oder »Uhu«! Unter 100, über 40 – heute sind wir nochmal würzig!

Daheim schlief ich bei offenem Fenster und greller Beleuchtung am Küchentisch ein.

Wie ich fast beklaut worden wäre

Das »Zwiesel« ist eine gefährliche Kneipe. Fast bin ich dort bestohlen worden. An einem Freitagabend bei vollem Haus wäre es beinahe geschehen. Wir saßen eingepfercht zu viert an unserem Tisch, Rücken an Rücken mit den Leuten an den Tischen um uns herum. Ich spürte den Hauch einer Bewegung an meiner rechten Seite und fasste rasch in meine offene Manteltasche. Da, meine Geldbörse lag falsch herum in ihr! Erschrocken zog ich sie hervor, klappte sie auf und sah wenig, beziehungsweise weniger. Ein Fünfzig-Euro-Schein, der im hinteren Fach gesteckt hatte, war weg. Ein Zwanziger war noch da.

Brenda, Daggi und Kay plauderten munter, ich war fassungslos. Irgendwer am Tisch sprach mich an, ich reagierte nicht. So bekam Brenda mit, dass etwas nicht stimmte. »Was ist los mit dIr?«

»Nichts, nichts«, wiegelte ich ab und schaute mich um. Brenda quatschte weiter mit Daggi und Kay, während ich den Typen hinter mir ins Visier nahm. Ein dünnes Bürschchen mit Brille und Vollbart, das krampfhaft bemüht war, nicht in meine Richtung zu gucke. Das Bürschchen schaute starr auf die dicken Mädchen vor sich. Das war der Typ, der meinen Fuffi geklaut und – um mich beim Bezahlen nicht komplett zu brüskieren – den Zwanziger drin gelassen hatte. Der Typ war abgebrüht, er ließ sich nichts anmerken.

Er hockte nur 30 Zentimeter von meinem Ellenbogen entfernt. Was konnte ich unternehmen? Ihn höflich ansprechen? So lief das nicht. Ich wollte ihm den Ellbogen ins Gesicht rammen – genau in die Brille rein – in der Bewegung aufspringen und seinen beschissenen Schädel auf den Tisch donnern. Und dann, mit diesem blutigen Klumpen, mit dem könnte ich reden!

Entweder er würde seine blöde Bommelmütze, die auf dem Tisch lag, lüften und mir den Fuffi, der darunter versteckt war, kleinlaut überreichen. Oder er würde – falls er ihn schon in sein eigenes Portemonnaie verfrachtet hatte – dieses ängstlich zücken und ihn brav zurückgeben. Das war ein guter Plan!

»Was ist? Was hast du?«, Brenda hakte nach. Sie kannte mich gut. Nichts konnte ich vor ihr verbergen. Ich schnaufte und erklärte ihr gefasst die Situation. Flüsternd, damit der Typ hinter mir nichts mitbekam. Daggi und Kay spitzten die Ohren – und Daggi fand sofort den Typen, der in Brendas Nähe saß, viel verdächtiger.

Er hatte seine Kapuze übergestülpt. Das war verständlich, er besaß ein Milchbubigesicht. Nur mit der Kapuze sah dieses Gesicht männlich aus. Von hinten! Ich fand, dass »Kapuze« ausschied. »Kapuze« hätte Teleskop-Arme ausfahren müssen, um mein Geld zu klauen.

Während wir unauffällig berieten und das Für und Wider durchgingen, bezahlten der Brillenbart und seine dicken Mädels und gingen. Ich hatte meine Superchance verpasst. Sollte ich hinterherrennen und ihn draußen aufmischen?

Kay und Brenda hielten mich zurück: »Der war das nicht. Der sah nicht so aus!« Wie sieht »so einer« aus? Narbenfresse, Augenklappe, Enterhaken, Holzbein? Daggi blieb dabei, dass der Typ mit der Kapuze nicht sauber war.

Brenda schüttelte den Kopf. Sie entschärfte jede heikle Situation. Das war ihre Spezialität. Sie sprach mit sanfter Stimme: »Guck erstmal zu Hause nach. Bestimmt hast du den Fünfziger gar nicht mitgenommen!«

»Na, und wenn doch? Soll ich nochmal herkommen – und gucken, ob die Typen auf mich gewartet haben?«

Ich war sauer. Mit »die Typen« konnte ich sowieso nur den Kapuzenbubi meinen. Der Brillenbart war weg. Ich war bedient – und der Abend war gelaufen. Auch Kay und Daggi fanden ihn nicht mehr schön. Wir zahlten.

Zuhause suchte ich überall nach dem Geld. Auf keiner Kommode, auf keinem Tischchen, in keinem Sessel lag es. Ich fasste in meine hintere rechte Hosentasche. Denn ich spürte den Hauch einer Bewegung. So wie man ihn nach drei Frustbieren spüren kann. Da war er, mein Fünfzig-Euro-Schein!

»Siehst du, hab' ich doch gesagt«, frohlockte Brenda und fand, dass eine Entschuldigung bei Daggi und Kay fällig wäre. Das fand ich nicht, ich fühlte mich im Recht.

Es war ja denkbar, dass der Typ mit dem Bart und der Brille mich verarschen wollte. Er hatte blitzschnell meine Geldbörse aus der Jackentasche gezogen, den Schein herausgefischt, ihn anschließend in meine Arschtasche gestopft und die Börse zurück in die Jacke geschoben! Völlig klar!

Triumphierend präsentierte ich Brenda diesen Ablauf. Sie zeigte mir einen Vogel. Das beeindruckte mich nicht. Ich wusste jetzt, was tatsächlich geschehen war und wie ich fast beklaut worden wäre.

Da läuft der Dieb!

Bei der Seniorengymnastik

Die Linie 4 fährt in unserer Stadt bis zum Hauptfriedhof – da bleiben einige gleich drin sitzen. Wer sich die finale Einrückfahrt ein wenig aufsparen möchte, geht zum Seniorensport. Und wer schlau ist, beginnt mit dem Seniorensport, bevor er Senior, Seniorin oder Señorita ist. Ich tue das, denn ich bin Hypochonder, wie Brenda sagt. Ich habe schon schlimme Krankheiten in mir vermutet, doch – oh Wunder – ich habe sie stets überstanden. Dabei hilft der Seniorensport.

»Frieda, Gerda, auf geht's!«, kommandiert die Oma neben mir – und funkelt mich böse an. Wahrscheinlich weil ich nicht Gerda bin. »Neben mir ist die Frau Tucharsky. Und nicht so ein Fremder!«, knurrt sie – und als ich nach meinem Handtuch greife, tritt sie heimlich gegen meine Matte. »Seit fünfzehn Jahren«, fügt sie hinzu. Ich lächle. Ich habe mir vorgenommen, bei der Seniorengymnastik nichts zu sagen. Ich will nur turnen und zuhören. »Sie waren noch nicht oft hier«, stellt Gerda Tucharsky fest, als sie endlich eintrudelt. Ich lächle.

18 ältere Damen und Herren und ich in einem Raum, der höchstens für zehn geeignet ist, turnen auf Matten die herrlichsten Verrenkungen. Wir sehen alle gleich aus: kurze Haare, kämpferische Gesichter, verblichene Sportklamotten. Gut zwölf der älteren Damen gehören zu den »Mo-Mi-Dos«. Das ist eine Gruppe, die montags, mittwochs und donnerstags an den Kursen teilnimmt. Lauter Profis also – und biegsam wie Gummipuppen. Dagegen bin ich ein Brett. Wenigstens eins, das in der Mitte ein Scharnier hat. Ich bin sowas wie eine Starterklappe.

»Tief in den Rücken atmen«, weist uns die Therapeutin an, »den Bauchnabel zur Wirbelsäule ziehen!« »Da ist er noch vom letzten Mal«, ruft Herr Müller – und alle lachen. Obwohl Herr Müller das in jeder Woche ruft. Seniorensport ist eben etwas Verlässliches. Auch wenn wir aufstehen und die Arme baumeln lassen sollen, kommentiert Herr Müller das jedes Mal: »Wenn ich damit Zuhause anfange, sagt meine Frau, häng' nicht so rum.« Wieder lachen alle, weil Herr Müller so lustig ist. Wenn die Therapeutin fragt, was wir zur Erwärmung machen wollen, wir könnten etwas spielen, schlägt Herr Müller »Mau Mau« vor. Alle lachen. Wenn wir die Turnschuhe vor dem Betreten der Matte ausziehen, sagt Herr Müller: »Ich habe heute Golfsocken an – 18 Löcher.« Die Gruppe lacht sich schlapp. Ein paar der Damen schnappen nach Luft. Herr Müller ist der Hammer! Er will wissen, wann wir mit unseren Verrenkungen im Zirkus auftreten. Das Publikum kann nicht mehr – eine der Damen verlässt den Raum.

»Na, man kann mal einen Spaß vertragen, das Leben wäre sonst langweilig«, meint die Therapeutin. »Das ist mir lieber so.«

Sie kennt Herrn Müller sehr gut. Sie merkt sich die auffälligen Teilnehmer, wie sie sagt. Die langweiligen nicht. Die alten Damen murren. Sie kennen natürlich alle im Kurs.

Die Therapeutin lenkt ein: »Na gut, wenn jemand sehr langweilig ist – ist der ja auch schon wieder auffällig.«

Alles schweigt, keiner lacht. Ruhe im Raum. Die Therapeutin merkt es und stellt fest: »So schön still. Das sagt mein Vati auch immer, wenn ich meine Mutti treffe ...«

Herr Müller grinst frech und wirft ein: »Das kann ich mir gar nicht vorstellen.«

Worauf die Therapeutin entgegnet: »Huch, da hab' ich ja einen gucken lassen!«

Jetzt lachen wieder alle, weil Herr Müller die Pointe geliefert hat. Diese Killerwitzmaschine!

Als wir wild mit den Armen kreisen, knarrt etwas bei Frieda. Hastig klärt sie auf: »Das bin ich nicht – das ist das Parkett.«

Wieder wird gelacht. Nur Herr Müller lacht nicht mit. Das mit den kernigen Sprüchen ist sein Part.

»Noch zehn!«, gibt die Therapeutin vor. Wir müssen noch zehn Sekunden lang den linken Arm und das rechte Bein ausstrecken und damit kleine Bewegungen machen.

Auch der Sportteil ist Sport.

Wenn sie nicht da ist, übernimmt ein Kollege – und der sagt: »Noch zehn ...«, lässt eine Pause und fügt hinzu: »... Minuten.« Ein Gag, der zuverlässig funktioniert – sogar bei Herrn Müller. Herr Müller überlässt dem Kollegen das Feld. Der ist witziger und jünger und hat eine Glatze. »Ein schönes Gesicht braucht Platz!«, sagt der Kollege dazu – und lässt uns Ballspiele in zwei Gruppen spielen, die er »Erfurt« und »Jena« nennt. Ich bin bei »Erfurt«. »Jena« gewinnt 5:1. »Wie im wahren Leben«, freut sich der Kollege, der aus Jena kommt.

Das ist Seniorensport. Wer eine künstliche Hüfte hat, muss nicht alle Übungen mitmachen. Da reichen die leichten, bekömmlichen – bis hin zum Dehnen. Man darf pausieren, wie der folgende Dialog zwischen Frieda Schmira und Gerda Tucharsky zeigt. Beim Zusammenlegen der Matte schnappe ich ihn auf. Bevor ich ihn darbiete, verabschiede ich mich mit einem »Sport frei«.

»Und wenn die Frau Lerz wieder da ist, bist du nicht da, da bist du im Urlaub!«
»Nee, die Woche davor.«
»Ah, da bist du im Urlaub.«
»Ja, und dann bin ich wieder da.«
»In der Woche danach?«
»Da bin ich dann nicht mehr im Urlaub.«
»Da seht ihr euch ja gar nicht.«
»Na doch, da bin ich doch wieder da.«
»Ah, da bist du dann da.«
»Ja, da bin ich dann da.«
»Und wann bist du im Urlaub?«
»Na, die Woche davor.«
»Wenn die Frau Lerz wieder da ist.«
»Nee, die Woche davor.«
»Ah, da bist du im Urlaub.«
»Ja, und dann bin ich wieder da.«
»Da wird sich die Frau Lerz aber freuen!«

Mariah ist weg!

Geblitzt im November 2015

Was würdest du mit auf eine einsame Insel nehmen?«, fragt mich Brenda. Ich weiß sofort, was ich antworten muss: »Dich!«

»Nein«, winkt sie ab, »das zählt nicht. Ich meine einen Gegenstand.« Auch darauf habe ich gleich eine Antwort: »Dann nehme ich deine Weihnachts-CD von Mariah Carey mit!«

»Aber die magst du doch gar nicht«, wundert sich Brenda.

»Ich habe ja nicht gesagt, dass ich einen CD-Player mitnehme.«

»Und wie willst du die CD hören?«

»Gar nicht!«

»Und was willst du dann damit auf der einsamen Insel?«

»Ich vergrabe sie im Sand. Und wenn ich gerettet werde, lasse ich sie einfach da!«

Jetzt ist Brenda sauer. Dabei hat sie viele Weihnachts-CDs, die ähnlich klebrig-zuckerig sind, wie die von Mariah, und mir die Ohren verkleistern: Barbra Streisand, Michael Bublé und Diana Krall. Ich mag sie nicht und packe sie im CD-Haufen extra nach unten und dekoriere Weihnachts-CDs von Richard Cheese, Bugge Wesseltoft und Quadro Nuevo obendrauf. Die tragen wirklich solche Namen. Wahrscheinlich klingt ihre Weihnachtsmusik deshalb prima für mich. Mit solchen Namen gibt man sich Mühe. Ich weiß das, ich heiße Kudernatsch.

Unermüdlich gräbt Brenda ihre Lieblingsscheiben aus dem weihnachtlichen CD-Haufen aus und lässt dafür Bugge, Richard und Quadro verschwinden. Manchmal finde ich sie erst im neuen Jahr wieder.

Bei meinen Eltern brach nie ein derartiger Musikkrieg zu Weihnachten aus. Sie hatten nur zwei Platten zur Festuntermalung: die von Peter Schreier, der gar nicht schrie, und »Bald nun ist Weihnachtszeit«, eine bunte Mischung mit Kreuzchor und Thomanern. Diese Schallplatten liefen hoch und runter – obwohl Peter Schreier einen Sprung hatte und im Lied »Süßer die Glocken« bei »Süßer-süßer-süßer ...« hing und in die Endlosschleife ging, wenn wir ihm nicht halfen.

Vor der Bescherung am Heiligabend gab ich meinen Eltern ein Weihnachtskonzert auf der Trompete. Ich tutete mich durchs Repertoire – laut und leidenschaftlich und eher selten mit den richtigen Tönen. Deshalb baten mich meine Eltern zum Weihnachtskonzert hinaus auf die Terrasse. Sie selbst saßen im warmen Wohnzimmer unterm Tannenbaum und lauschten durch die dicken Doppelfenster, wie ich knietief im Schnee stehend festliche Weisen trötete, bis mein Notenständer zu rosten begann.

Hätte ich damals den Schweden Nils Landgren gekannt, hätte ich meine Trompete sofort gegen eine rote Posaune tauschen wollen, mit der dieser Jazzer berühmt geworden ist. Damit hätte ich schöner geblasen und drin musizieren dürfen und Freunde gefunden. Das hat der Nils auch geschafft, mir blieb es verwehrt. Er und seine Freunde spielen gute Weihnachtsmusik: »Christmas with my friends« nennt sich ihre CD-Reihe. Von mir existieren keine Aufnahmen.

Auf Nils Landgren habe ich mich mit Brenda zu jedem Fest einigen können. Diesmal erst recht – weil doch die Mariah-Carey-CD verschwunden ist!

Eines Tags taucht sie an einem einsamen Strand auf den kanarischen Inseln wieder auf. Hoffentlich findet sich dann jemand, der mit einer Schippe ordentlich draufhaut!

Schon wieder Baumloben

Der Taschengasse gewidmet

Baumloben ist eine schreckliche Angelegenheit. Am besten, man ist gar nicht zu Hause, wenn es stattfindet. Darum dränge ich sehr, dass wir endlich unser Häuschen verlassen und uns irgendwo in den nächsten Stunden verstecken.

Doch Brenda verschwindet auf der Toilette und die Schwiegermutter will sich unbedingt die Hände eincremen. Dann hat die eine ihre Jacke oben vergessen und die andere ihre Brille verlegt. Ängstlich schaue ich hinaus. Im Hof ist es dunkel. Ich lösche die Lichter am Weihnachtsbaum und ermahne die beiden Frauen. Endlich ziehen sie sich im Flur an. Ich öffne die Tür – und habe verloren. Denn die Außenbeleuchtung springt an. Grölend marschieren die Zischis und der Jo über den Hof. »O Tannenbaum! O Tannenbaum!«, lärmen sie. Gesang ist das nicht.

Ich habe den Verdacht, dass die Nachbarn uns beobachtet haben. Es ist kein Zufall, dass sie schneller waren als wir. Nun sitzen die Gewinner auf unserem Sofa und krakeelen: »Oh, ein schöner Baum!« Dafür gibt es einen Schnaps. Weil der Baum recht groß ist, reicht ein Schnaps natürlich nicht. Wir trinken Weihnachtsbier und Rotwein.

Jo gibt keine Ruhe: Er will seinen Baum zeigen und gelobt werden, weil er ihn zwei Stunden lang mit Lametta behängt hat. Jeder Lametta-Faden hat bei Jo einen Namen und eine eigene Schachtel, denke ich. So wichtig ist ihm diese Dekoration. Also stehen wir auf und laufen über den Hof zu Jo. Vater Zisch singt das passende Lied. Es hat sich nicht geändert. »O Tannenbaum! O Tannenbaum!«

Kurz vor dem Ziel wird das Ziel geändert. Im Vorderhaus wohnt eine gesittete Familie mit Kind. Paulchen war im vergangenen Dezember sehr enttäuscht, dass keiner seinen Baum gelobt hat. Das fällt den Zischis in diesem Moment ein. Also klingeln wir bei den Kehrmeyers. Paulchen freut sich, seine Mutter strengt sich an. Bei Kehrmeyers ist der Baum blau geschmückt und mit alten Weihnachtsmännern behängt. Die sind aus Pappe und von früher.

»Oh, ein schöner altmodischer Baum!«

Wir loben den Baum mit historischem Eierlikör aus gleichaltrigen Schokobechern. Sie sind grau. Durch den Eierlikör sieht man das nicht. Nach der dritten Runde brechen wir auf. Paulchen muss ins Bett.

Gleich nebenan wohnen Daggi und Kay. Sie sind eben erst eingezogen und kennen das Baumloben nicht. Wir singen: »Wir woll'n die Bäume sehen! Wir woll'n die Bäume sehen!« Als wir endlich eingelassen werden, dichtet Vater Zisch um: »Du hast die Kugeln schön! Du hast die Kugeln schön!«

Mehr kann man über das dünne Bäumchen, das extra auf einem hohen Hocker steht, eigentlich nicht sagen. Doch Brenda findet die passenden Worte:

»Oh, ein schöner kleiner Baum!«

Dafür rückt Kay bunte Kräuterschnäpse heraus, die er leidenschaftlich gesammelt hat. Die Zischis sind verrückt nach den »Wackelmännern«, und ich glaube, sie stopfen sich die Taschen mit den besten Sorten voll. Ich wende mich rasch ab.

Brenda und die Schwiegermutter sind mittendrin im Getümmel. Jo fummelt an Kays nagelneuem Fernseher herum, bis das

Die Baumschule macht einen Winterausflug.

Bild ganz grün ist. Ein guter Anlass, auszutrinken und weiterzuziehen. Kays Sammlung hat genug gelitten.

Es ist wie im Märchen. »Wie bei der goldenen Gans«, lallt mir jemand ins Ohr. »Es werden ständig mehr!« Unsere Gruppe wird tatsächlich größer. Daggi und Kay ziehen mit, und wir ziehen zum Jo.

Bin ich betrunken? Jos Baum hat zwei Spitzen. Ehe ich mich weiter wundere, entdeckt Brenda sie ebenfalls, und Mutter Zisch hat sie gesehen. Niemand sagt etwas, um den Jo nicht zu verstimmen. Es ist ja das Baumloben und nicht das Baummeckern. Also loben wir den Baum.

»Oh, ein schöner besonderer Baum!«

Wir mischen Whisky mit Bier und Rotwein. Der Baum wird mit jedem Schluck schöner. Schließlich erzählt Jo, wie er ihn oben abgeschnitten hat, um ihn überhaupt ins Wohnzimmer zu kriegen. Das passiert ihm jedes Mal. Nur diesmal sind beim Kappen zwei Spitzen entstanden. Keine Spitze erhält einen Stern. Die andere wäre nackt dagegen.

Die Schwiegermutter hopst auf Jos Sofa zu den Weihnachtsliedern von Götz Alsmann auf und ab, und Mutter Zisch wird immer stiller. Das ist kein gutes Zeichen. Im Sommer liegt sie kurz darauf meistens in der Hecke. »O Tannenbaum! O Tannenbaum!« Vater Zisch ist wieder beim wichtigsten Lied des Abends angekommen. Wir brechen auf.

Der Baum der Zischis steht draußen auf der Terrasse. Er hat farbige Lichter, die bestimmt blinken.

»Oh, ein schöner bunter Baum!«

Wir loben ihn, und diesmal trinken wir Glühwein. Da fällt Kay ein, dass er noch gar nicht unseren Baum gesehen hat. Wir müssen los.

Unterwegs gehen uns Mutter Zisch und der Jo verloren. Sie biegen auf dem Hof falsch ab. Das merken wir erst bei uns im Wohnzimmer. Vater Zisch will die Vermissten suchen.

Ich schalte unsere Weihnachtsbaumbeleuchtung ein – und das ist das letzte, an das ich mich erinnern kann. Doch, da fällt es mir wieder ein: Es ist Weihnachten!

Im Namen des Natsches

Seit über 40 Jahren erdulde ich, wie mein Name »Kudernatsch«, der aus dem Tschechischen stammt, verschandelt wird.

Da schreibt mich die Hausverwaltung an: »Lieber Herr Kuderwatsch ...«, und hat wohl an den Tomatenwitz gedacht, in dem sich zwei Tomaten unterhalten: »Guck mal da, ein Lk-watsch!« Die Hausverwaltung wollte unser Wasser auf Legionellen untersuchen. Das hatte sie richtig geschrieben. Sonst hätten wir nach Legionären im Wasserhahn forschen können.

Ich reserviere in einer feinen Sushi-Bar einen feinen Platz – und was steht auf dem Schildchen? »Reserviert für Kudamat.« Klingt wie Glutamat und ist bestimmt nicht gesund.

Bei einer anderen Reservierung in einem anderen Lokal ist der Platz für »Kudirnatsch« gedacht. Was für die einen Türkisch klingt, wird bei mir zu »Kodiernatsch« und zu wichtigen Codes wie bei der Enigma. Ich habe nichts zu verschlüsseln und bin kein Militär.

Daheim mailt mich ein Musik-Versand an und beginnt so: »Sehr geehrter Herr Kaulnatsch, Sie haben sich gar nicht mehr bei uns gemeldet.« Das liegt daran, dass ich nicht »Herr Kaulnatsch« bin. Was weiß ich, wo der haust. Da sollen die schön beim Einwohnermeldeamt nachfragen!

»Herr Kurnatsch«, spricht mich der Praktikant an, der mich wohl in der Reha sieht. Eine Kollegin vermutet mich ebenfalls dort – möglicherweise als ihren KÜPA, als Kurüberbrückungspartner, sprich Kurschatten. Immerhin hat sie aus mir den »Kuntertatsch« gemacht, obwohl ich bislang nichts an ihr angetatscht habe. Ich höre regelrecht, wie sie »Kuntertatsch« haucht. Sowas sorgt rasch für Ärger, wenn es den Falschen zu Ohren kommt.

Der Ärger setzt sich fort – bis in mein eigenes Smartphone hinein. Kaum fange ich an, dort meinen Namen zu tippen, schlägt die Autovervollständigung zu. Bis »Kude…« schaffe ich es, dann bietet sie wahlweise »Lude« oder »Jude« an. »Lude« weise ich strikt von mir. Beim »Juden« fehlt eine tiefschürfende Untersuchung. Vielleicht ist etwas dran.

Ein betagter Großonkel hat behauptet, dass tschechische Gefährten den Namen »Kudernatsch« einst ersonnen haben, um eine brave jüdische Familie vor den Nazis zu schützen. So sei damals im Riesengebirge aus »Guter Ignatz« »Kudernatsch« geworden. Leider ist der Großonkel nicht mehr da. Seitdem wir diese Geschichte kennen, nennt mich meine Frau manchmal »Shlomi«, und ich stülpe mir ein Kompottschälchen auf den Kopf, weil es wie eine Kippa aussieht.

Ich ertrage die putzigsten Verballhornungen. Rede ich zu viel, werde ich »Quasselnatsch« genannt. Zerstechen mich im

So sieht er aus: Q, der Natsch.

Sommer die Mücken, dass ich aussehe wie ein Streuselkuchen, bin ich der »Quaddelnatsch«. Landet Essen nicht im Mund, stattdessen auf der Hose – muss ich mir »Kleckernatsch« anhören. Und wasche ich mich danach nicht sofort, wird aus der Koseform »Kuddel« schnell der »Schmuddel«.

Es hört nie auf. Mein Vater, der Mathematiker, könnte ausrechnen, wie viele Möglichkeiten insgesamt bestehen. Ich will das Ergebnis gar nicht wissen, ich will mich überraschen lassen. Von jeder Variante, die noch auftaucht.

Die neueste stammt von mir. Ich erfreue mich daran, meine Post lässig zu unterschreiben, indem ich meinen Namen zerlege. Ein Freund, der großer »Star Wars«-Fan ist, Terry-Pratchett-Bücher liest und spacige Elektro-Musik hört, hat mir dazu geraten. Es lässt mich geheimnisvoll und cool erscheinen. Ich finde, es stellt mich in eine Reihe mit »Bernd das Brot«, »Jabba The Hutt« und »Chingachgook die große Schlange«. Fesch unterzeichne ich neuerdings mit »Q, der Natsch«.

Was ist daran geheimnisvoll? »Q« gehört zum Geheimagenten James Bond. Was der Natsch ist, das ist eine harte Rätselnuss. Ich knacke sie: In Tirol steht »Natsch« für »Schwein«. Ich versende meine Post also im Namen des Schweines. Da könnte das »Q« glatt das »Quieken« sein.

Wem das gefällt, der kann zurückquieken und mir schreiben – und erhält mitunter schweinische Antworten! Im Namen des Natsches!

Mehr Thüringer Kolumnen von André Kudernatsch in:

Das Beste an Erfurt ist die Autobahn nach Jena

Klappenbroschur
144 Seiten, 14 x 21,5 cm
Fotos von Tom Ritschel
1. Auflage 2010
ISBN 978-3-939611-64-6
EUR 12,90

Thüringen ist keins von den schwierigen Bundesländern, eher eins von den sehr glücklichen. Denn der Freistaat hat so viel: Rudolstadt hat den Blues, Apolda hat den Dobermann, Nordhausen hat Schwein und Erfurt hat das große Nichts. In Jena dampft der Hans, in Weimar schillert die Locke und auf dem Rennsteig kann man sogar langsam laufen. Aus Thüringen kommen Herbert Roth und Bernd das Brot, Kampfgänse, Puffbohnen und manchmal sogar Verbrennungsöfen.
Seit einigen Jahren schreibt André Kudernatsch Thüringer Kolumnen. Hier sind seine 50 besten Texte erstmals in einem Buch vereint.

„Dieses Buch
darf in keinem
Kühlregal fehlen!“
Heute
im Angebot
Wurst-
Gedichte
André Kudernatsch
SALIER
VERLAG
Bärchenwurst

Bärchenwurst, oh Bärchenwurst
Wird von Kindern oft verachtet,
Bärchenwurst, oh Bärchenwurst
Weil man Teddies dafür schlachtet.